David Tage
Mona Nächte

Andreas Steinhöfel wurde 1962 in Battenberg geboren, arbeitet als Übersetzer und Rezensent und schreibt Drehbücher – vor allem aber ist er Autor zahlreicher, vielfach preisgekrönter Kinder- und Jugendbücher, wie z.B. »Die Mitte der Welt«. Für »Rico, Oskar und die Tieferschatten« erhielt er u.a. den Deutschen Jugendliteraturpreis. Nach Peter Rühmkorf, Loriot, Robert Gernhardt und Tomi Ungerer hat Andreas Steinhöfel 2009 den Erich Kästner Preis für Literatur verliehen bekommen. 2013 wurde er mit dem Sonderpreis des Deutschen Jugendliteraturpreises für sein Gesamtwerk ausgezeichnet.

Anja Tuckermann, geb. 1961, lebt in Berlin. Sie engagierte sich in der feministischen Mädchenarbeit und war Redakteurin beim RIAS-Kinderfunk. Sie schreibt Romane (u.a. »Muscha«, »Die Haut retten«), Erzählungen und Theaterstücke und arbeitet mit Musikern zusammen. Zuletzt wurde ihr Theaterstück »Kazandik« in Ankara uraufgeführt und es erschien der Roman »Mano. Der Junge, der nicht wusste, wo er war« und das Sachbuch »Heimat ist da, wo man verstanden wird – Junge VietnamesInnen in Deutschland«. Für »Denk nicht wir bleiben« erhielt sie 2006 den Deutschen Jugendliteraturpreis, für »Mano« 2009 den Friedrich-Gerstäcker-Preis.

18. Juli 1998
endlich mal ein Tag ohne Jacke

Lieber David,

ich liege hier, nicht auf dem Bett, nicht auf dem Sofa, sondern auf dem Fußboden im Wohnzimmer. Auf dem grau-weißen Teppich, grobes Marmormuster. Über mir, an der Decke, das grau-weiße Tapetenmuster. Sieht aus wie mit dem Besen rangewischt. Ist überall so bei uns. In einem Zimmer grau-weiß, im anderen rot-weiß, im anderen grün-weiß, in einem gelb-weiß. Der vorige Freund meiner Mutter fand das gut. Und sie hat's so gelassen. Von jedem, der hier gewohnt hat, gibt es Spuren. Trage eine blau-weiße Bluse, neu, ohne Ärmel und hab mich in der Scheibe von der Balkontür angesehen. Ob ich dir darin gefallen würde? Vielleicht würdest du sagen – kariert wie eine Küchengardine. Mir gefällt, dass meine Schultern zu sehen sind.
Draußen blau-weiß der Himmel. Deswegen liege ich auf dem Boden. Von hier aus sehe ich nur den Himmel, Wolkenberge, Schwalben, zwei fliegen immer aufeinander zu. Na ja, ich träume.
Dass jemand angeflogen kommt. Kannst du dir denken, wen ich meine? Und dass es gleich an der Tür klingelt. Keiner ist da. Autos höre ich, eine heisere Krähe, Spatzen, ein Flugzeug, einen Bus, die Bremse quietscht.

Und ein kleines Kind quietscht. Schreit. Ist bestimmt
hingefallen. Bären ziehen über den Himmel – und
Mickymäuse.
Es sind Wolken, aber ich sehe Landschaften und Tiere,
es ist blaue Luft, aber ich sehe dein Gesicht.
Es ist Sonnenlicht, aber ich sehe deine hellen braunen
Augen.

Erinnerst du dich noch an den alten Mann, den wir am
Ku'damm gesehen haben? Genau vor acht Tagen. Zwischen Wasserklops und Gedächtniskirche saß er im Rollstuhl, hat zur Musik aus seinem Kassettenrekorder
gesungen und mit Löffeln dazu gespielt. Du standst am
Straßenrand – ich auch. Wir haben auf die Schlagerparade gewartet. Und als der Musikwagen beim Europa-Center zu sehen war und langsam näher kam, drehte der
alte Mann mit dem Zylinder seine Musik auf und schlug
mit den Löffeln den Rhythmus noch lauter. Alle Leute
schauten sich nach ihm um. Er ist aufgefallen mit seiner
guten Laune. Neben ihm saß ein Dackel auf einem Kissen. Der Mann ist in seiner Wohnung erstochen worden.
Habe ich heute in der Zeitung gelesen.
Seinetwegen haben wir uns das erste Mal angelacht.
Es war so ein Tag, an dem alle Leute einen Regenschirm
dabeihatten und ihn nicht benutzten und die Jacke über
dem Arm trugen. An der Treppe vor der Gedächtniskirche
stand die alte Frau mit der Pappe, auf der steht: »Ficken
ist Frieden«. Meine Mutter hat gesagt, die hält bestimmt

schon seit fünfzehn Jahren mehrmals in der Woche ihre Botschaft hoch.

Das zweite Mal haben wir uns angelacht, als alle Leute bei Wolfgang Petri mitgesungen haben: »Hölle, Hölle, Hölle«, da sind wir mitgegangen, ich bin einfach gelaufen, als du gelaufen bist, war wie magnetisch. Am Marmorhaus vorbei, am Café Kranzler vorbei. Da entdeckten wir den Mann mit der Mickymaus um den Hals, mit Rucksack und in Stiefeln. Sonst ganz nackt. (Habe geguckt, ob sein Pimmel beim Laufen hoch und runter oder von links nach rechts wippt.) War der stolz, als er von irgendwelchen Fernsehleuten von unten nach oben und wieder nach unten gefilmt wurde. Danach blieben wir stehen und die Parade lief weiter mit »Piep piep piep«. Die Fernsehleute filmten ein küssendes Paar, ganz nah, und die haben sich weitergeküsst und nichts gemerkt. Wir sahen auch zu. Plötzlich waren wir zu zweit am Ku'damm.

Deine Mona

Berlin, den 21.07.98

Hallo Mona,

wie fang ich jetzt bloß an? Du hast mich ganz schön überrumpelt. Als du gesagt hast, du würdest mir schreiben, da dachte ich: Das macht die nie. Die erzählt nur so rum. Und was soll das überhaupt, sich zu schreiben, schließlich, wozu gibt's Telefon? Briefeschreiben finde ich altmodisch.
Warum hast du mir nicht einfach deine Telefonnummer gegeben?

Früher musste ich immer meiner Patentante schreiben. Die wohnt irgendwo in Süddeutschland, ich hab sie nie besucht in ihren Schwäbischen Alpen. Zu jedem Geburtstag und zu jedem Weihnachten hat sie mir ein Buch geschickt. Was okay war, weil meine Eltern nie Geld für Bücher ausgeben wollten – tun sie heute noch nicht. Ich lese gern. Aber bei den Dankschreiben an meine Patentante hab ich mir regelmäßig die Finger abgebrochen. Ich kann nicht so gut von mir erzählen. Ich bin kein guter Briefeschreiber.

Sich zu treffen wäre doch viel netter, findest du nicht? Ich würde dich wirklich gern wiedersehen, Mona. In dieser blau-weiß karierten Bluse zum Beispiel. Die könnte von mir aus irgendwelche Flecken haben oder auch Mickymäuse drauf, völlig egal. Hättest du vielleicht mal Lust auf ein Eis oder so was?

Soll ich wirklich bei dir klingeln?
Würdest du aus den Wolken fallen?

Ich weiß nicht. Ich dachte halt: Die siehst du nie wieder, schade. Und jetzt schreibst du mir was von meinen Augen. Das bringt mich durcheinander. Das würde jeden durcheinanderbringen, oder?

O Mann, was für ein Gekritzel, und dabei ist das schon der siebte Anlauf, also schick ich diesen Brief einfach mal los, sonst wird ja nie was draus. Der nächste wird besser. Versprochen! Aber denk noch mal über das Telefon nach, ja? Am Telefon bin ich wirklich besser.

Dein David

PS: Das mit dem alten Mann tut mir leid. Ich frag mich, was wohl aus seinem Dackel geworden ist …

24.7.1998

Lieber David,

so schnell hast du geantwortet. Post für dich, hat mein Bruder gesagt. Wer ist denn das?
Hast doch schon den Absender gelesen.
Der liest, was er kriegen kann.
Ja, hat er gesagt. Wer is'n das?
Ich hab mir den Brief geschnappt und bin in mein Zimmer. War das schön. Langsam den Umschlag aufzuppeln, dann das Blatt rausfischen, deine Schrift, aber erst mal am Papier schnuppern.

Wie kann ich über das Telefonieren nachdenken, wenn du sagst, der nächste Brief wird besser. Auf den bin ich ja jetzt schon gespannt, da ruf ich lieber nicht an. Außerdem – ich und Telefon.
Ich wette, wenn ich deine Stimme höre, na ja, wie ich eben bin am Telefon: leer im Kopf, wenn ich jemanden noch nicht so gut kenne und aufgeregt bin. Es fällt mir dann plötzlich nichts ein. Und schweigen an der Strippe? Das geht nicht. Es ist immer so, kaum habe ich aufgelegt, denke ich, das hättest du sagen können und das wolltest du doch erzählen. Und hab es nicht. Oder nur schnell was Doofes gesagt und bereue es hinterher. Ich kann einfach nicht telefonieren. Mir wird schon mulmig, wenn

ich nur dran denke. Weißt du, der Freund von meiner Mutter zahlt die Telefonrechnung. Und er stinkt immer rum, wenn ich oder meine Schwester lange reden. Läuft dauernd durch den Flur oder guckt aus dem Wohnzimmer raus, und einmal habe ich mit meiner Freundin gequatscht, da war's plötzlich still in der Leitung. Was war? Der Typ hat den Stecker rausgezogen. Nur damit ich aufhöre. Der wollte gar nicht selber telefonieren.

Können wir uns weiter schreiben?
Würdest du es versuchen?
Wir können ja alles weglassen mit »Danke für deinen Brief. Ich habe mich sehr darüber gefreut. Wie geht es dir? Mir geht es gut«. Das habe ich früher in meinen Briefen an *meine* Patentante geschrieben.

Jetzt habe ich bloß über Telefonieren und Briefeschreiben geschrieben … ich erzähl dir noch was von mir.

Meine Mutter sitzt den ganzen Abend am Küchentisch und raucht. Sie denkt darüber nach, ob sie sich mal wieder von ihrem Typen trennen soll. Er ist ein Flop.
Ich rede nicht mit ihm. Kann es nicht hören, wie er sie immer anschreit. Da will ich gar nicht in der Nähe sein. Wenn meine Mutter so leben will, soll sie. Aber ohne mich. Am liebsten würde ich abhauen.
Meine Schwester hängt nur in ihrem Zimmer und guckt aus dem Fenster, wenn sie nicht gerade auf dem Klavier

rumhackt. Sie ist jünger als ich und eigentlich ganz nett, man müsste mal mehr mit ihr reden. Mit meinem Bruder habe ich nicht so viel zu tun. Nur wenn wir uns um die Wäsche streiten. Er stopft seine Socken in den Wäschekorb, ohne sie auseinanderzumachen, und er leert nie seine Hosentaschen aus. Dabei ist er älter als ich. Wenn ich Geld drin finde, behalte ich es. Das ist mein Lohn fürs Wäschewaschen.
Hast du auch Geschwister?
Was machst du so den ganzen Tag außer Schule?

Und wenn du bei mir klingelst? Bin schon bei dem Gedanken ganz aufgedreht.
Stell dir vor, wir würden beide zur selben Zeit loslaufen, wo würden wir uns wohl treffen?
Über Stock und über Stein. Doch, du siehst mich wieder.

Mona

25.07. – echt schnell, oder?

Hallo Mona,

wenn ich cool wäre, dann würde ich sagen: Die will Spielchen? Die will Briefe? Soll sie haben! Kinomäßig eben …

Aber ich bin nicht cool. Na ja, jedenfalls nicht tief unten oder tief drinnen oder wo auch immer man das ist. Und dass ich dir das sage – anvertraue –, das bedeutet schon eine Menge. Der Rest der Welt findet mich nämlich einigermaßen cool, schätze ich. Manche Leute verwechseln das ja. Die sehen, dass du die Klappe hältst und selten grinst, und schon halten sie dich für den Obermacker.

Aber du bist nicht »die« und du bist schon gar nicht der Rest der Welt. Für mich bist du Mona, und ob du es glaubst oder nicht: Auch das bedeutet eine Menge.

Mona, Mona, Mona. (Ich muss das jetzt ein paar Mal schreiben, nur so, okay?)
Echt schöner Name.

Ich hab mich irrsinnig über deinen Brief gefreut, als ich ihn vorhin auf unserem Küchentisch liegen sah, und am Papier gerochen hab ich auch. Was gab's bei euch zu Mittag, gefüllte Paprika?

Ich habe auch Geschwister. Da ist Pitie und da ist Lara. Pitie ist unser kleiner Scheißer, ein echter Winzling, ziemlich genau ein Jahr alt. Um Pitie muss ich mich ständig kümmern, weil meine Mutter ganztags arbeitet. Mein Vater natürlich auch. Ich sag dir gleich: Ich liebe Pitie über alles. Er ist mein Augapfel. Leider kackt er sich ständig ein und macht jede Menge Stress. Und Lara ist zu klein, um zu helfen. Sie ist sieben und total altklug, das kann einem tierisch auf den Geist gehen. Ihren Namen hat sie aus einem Film, *Doktor Schiwago*, dem Lieblingsfilm meiner Mutter. Die hat neulich gesagt, der wäre für sie gewesen, was für unsere Generation *Titanic* ist. Den hast du doch gesehen, oder? Alle haben ihn gesehen. Stehst du auf Leonardo?

Dieser Schiwago jedenfalls: Irgendwas mit einem Arzt und Revolution in Russland, also viel Blut und Fahnengeschwenke und dazwischen diese Lara eben. Große unglückliche Liebe und die ganze Zeit noch Winter dabei. Als ich den Film geguckt habe, bin ich eingepennt, wegen Überlänge. Aber die Musik war ganz okay. Eigentlich richtig schön. Jedenfalls, ich schätze, meine Mutter hätte gerne einen Arzt geheiratet oder ein Glutauge wie diesen Schauspieler, seinen Namen hab ich vergessen. Und deshalb heißt Lara Lara.

Und weißt du, es strengt echt an, sich dauernd um die Kleinen zu kümmern. Pitie ist vormittags bei meiner Oma, aber die ist so tüddelig, dass ich immer froh bin, wenn ich Pitie lebend bei ihr rauskriege. Lässt mit ihren Kippen alles anbrennen, dabei ist sie noch gar nicht so alt. Vergess-

lich wie sonst was. Wenn ich dann mit Pitie nach Hause komme, geigt Lara meistens schon durch die Wohnung. Irgendwie schafft sie es immer, was zu verwüsten. Dann gibt's Essen – nicht nach der Verwüstung, sondern überhaupt. Meine Mutter kocht abends vor. Dann wieder Pitie, während Lara Hausaufgaben macht. Wenigstens ist sie nicht doof, ich muss ihr nicht viel helfen, nur immer alles angucken, jedes blöde kleine Bild, das sie malt. Insgesamt bin ich aber ziemlich stolz auf sie. Schlüsselkind mit sieben Jahren, das muss man erst mal bringen. Die ganze Selbstständigkeit. Na ja, ich hab's ja auch gebracht in ihrem Alter. So richtig lange warten muss Lara auch nicht auf mich. Mittwochs und donnerstags bin ich sogar vor ihr zu Hause.
Aber eigentlich dreht sich alles um Pitie, er ist halt noch so klein. Manchmal hasse ich ihn und seine vollgekackten Windeln, weil dafür so viel von meiner Freizeit draufgeht. Aber dann muss er mich nur angrinsen mit seinen kleinen Zähnen und manchmal gluckst er so rum, dann bin ich voll in ihn verknallt.

Bruder und Schwester also, dieselbe Kombination wie bei dir. Und wie ist das genau mit dem Freund deiner Mutter? Dass der nicht der erste ist, hast du ja schon im letzten Brief geschrieben. Was ist mit deinem Vater? Sind deine Eltern geschieden? Wie ist das, wenn die Mutter einen Geliebten hat?
Ist es stiefvatermäßig?

Wie du siehst, gibt es jede Menge zu schreiben. (Hmm ... eigentlich müsste *ich* das sehen. Tu ich ja auch. Und es ist ganz okay mit dem Schreiben, aber mir tut schon die linke Hand weh. Hast du gewusst, dass ich Linkshänder bin?)

Über Stock und über Stein. Das gefällt mir. Irgendwann werde ich die ganze Strecke zu dir laufen. Rennen. Wenn du mich lässt, alte Brieftante!

Schreib mir.

David

27.7.

David, wir haben nur einen Nachmittag miteinander verbracht. Vor fast drei Wochen. Und nun dein zweiter Brief und fünfmal mein Name drin.
Diesen Brief habe ich, die alte Brieftante, viermal angefangen. Weiter weiß ich nicht.

Meinst du wirklich mich?

28.7.

Ferien bei meinen Großeltern. Mit meiner Schwester. Das heißt spazieren gehen in der ega, dem Park hier. Jedes Jahr wieder. Blumen felderweise und nach Farben sortiert sind unangenehm in diesen Mengen. Na ja, dann gibt's Kuchen und Eis, und Kaffee lassen sie uns jederzeit trinken. Dann all das Essen, das meine Mutter nicht kocht. Rouladen, Klöße, Sauerbraten. Das dauert ihr zu lange, es muss ewig vorbereitet werden, sagt sie. Abends kocht sie auch nichts mehr vor. Wenn wir Glück haben, können wir am nächsten Tag Reste essen. Das finde ich ziemlich lecker. Ich esse gern Töpfe leer. Sonst ist nichts da zum Mittag. Außer Dosen. Meistens essen wir Nasigoreng oder Ravioli. Mein Bruder macht gerade mal die Dosen auf, den Rest darf ich machen. Er ist ein fauler Sack. Mittlerweile bin ich darauf gekommen, das Essen nicht im

Topf warm zu machen, sondern die Dose in einen Topf mit heißem Wasser zu stellen. So wird das Essen auch warm und ich spare das Topfabwaschen.
Bestimmt hat der Postbote Paprikaschoten gemampft.
Genau, die bestelle ich auch noch bei meiner Oma. Und falschen Hasen.
Weiß wieder nicht weiter.

29.7.

Hab meine Sprache wiedergefunden.
Bald kann ich deinen Brief auswendig. Du hast ja tierisch Arbeit mit deinen Geschwistern. Wann triffst du dich denn mal mit deinen Freunden oder gehst zum Sport oder so was?
Kann Pitie schon laufen?
Spielst du mit deiner Schwester?
Ich finde es voll gut, dass sie allein nach Hause kommt. Sonst müsstest du sie auch noch abholen. Das mussten früher mein Bruder und ich immer machen, meine Schwester abholen, aber abwechselnd, das ging dann.
Warum sind deine Geschwister so viel jünger?
Dauernd kacken wird Pitie ja auch nicht. Mach ihn nicht so schlecht.
Aber ich kann mir vorstellen, dass ein Mal pro Tag auch schon reicht.
Schiebst du ihn im Kinderwagen?

Ich würde gern mal auf so einem Lammfell liegen und
geschoben werden. Über mir gleitet der Himmel dahin,
die Baumkronen, steile Häuserfassaden. Ich würde gucken
und gucken, sanft geschaukelt, und irgendwann eindösen.
Es gibt ja auch Zwillingswagen. Stell dir vor, so ein großer
Wagen, 1 Meter 60, da liegen wir drin und haben einen
Chauffeur als Schiebeur. Mit Regenschutz.

Meine Schwester heißt Nadja, so wie die Jugendliebe
meines Vater, das wusste meine Mutter aber vorher
nicht. Und Florian, mein Bruder, der ist 4 Jahre älter
als ich.

Du stellst Fragen. Ist denn deine Mutter nicht geschieden?
Ist denn Pities Vater derselbe wie deiner?

Zu meinem Vater, na ja, gibt's nicht viel zu sagen.
Der Freund meiner Mutter. Weiß nicht. Der redet nie mit
uns.
Wenn ihm was nicht passt, sülzt er meine Mutter voll,
die soll es uns dann geigen. Und die macht es auch noch.

Niemals würde ich »Vater« oder »Stiefvater« sagen, er
bleibt immer der Freund meiner Mutter.
Meine Freundin Claudia hat gesagt, bei uns ist eine
Stimmung wie im Leichenschauhaus.
Besonders beim Essen. Mein Bruder ist schon ganz dünn.
Der kriegt auch nichts runter.

Ich esse gern bei meiner Oma. Sie kocht alles, was ich mir wünsche. Und wir reden beim Essen. Unterhalten uns so richtig.
Jetzt ruft sie schon.
Es gibt Kartoffelpuffer mit Apfelmus.

Tschüs,

Mona

Schreibst du mir nach Erfurt? Adresse ist auf dem Umschlag.

30.07.
– this is not a day for kartoffelpuffers –

Dearest Mona,

wie du siehst, nutze ich die Ferien, um mein schlechtes Englisch aufzupeppen. Bin haarscharf an einer Fünf vorbeigeschlittert und mit Mathe war auch scheiße. Was nicht heißt, dass ich was gegen Schule habe. Ist schon ganz okay. Schließlich, je mehr du weißt, umso weniger können andere dich verarschen.

Trotzdem, ich schätze, ich mach das mit der Lernerei eher aus Langeweile. Und weil ich nächstes Jahr nach Amerika will. Es wäre ja wohl verdammt peinlich, wenn ich dann da stehe und zu blöd bin, mir 'nen Hamburger zu bestellen. Jedenfalls hat Tiffe (mein Kumpel) gesagt, Stephen King im Original zu lesen wäre geil und voll leicht, es würden jede Menge englische Vokabeln hängenbleiben, weil die Bücher besser sind als die Filme.

Deshalb lese ich jetzt *Carrie*, das ist eine Geschichte über ein Mädchen mit telekinetischen Fähigkeiten. Das bedeutet, sie kann Gegenstände und alles nur mit ihrem Willen bewegen. Sie wird in der Schule nur verarscht und ihre Mutter ist irgendwie auf dem Religionstrip. Das geht nicht gut aus, weil Carrie einfach nicht cool genug ist, das merk ich jetzt schon. Dauernd tut sie einem leid, weil sie sich nicht wehren kann. Ich wette, das gibt am Schluss ein echtes Gemetzel, wenn sie richtig mit dieser Telekinese loslegt. Irgendwann muss ja auch endlich mal der Horror ausbrechen, weil es eben ein Horrorroman ist.

Ich hab schon geahnt, dass du in den Ferien nicht in Berlin bist, sind ja fast alle abgehauen. Aber wenigstens hab ich deine Adresse in Erfurt. Ich hab mir gar keine Sorgen gemacht, dass du dich nicht mehr melden würdest. Allerdings dachte ich: Vielleicht schreibt sie nicht, sondern kommt hierher, weil sie ja auch *deine* Adresse kennt. Aber wie es aussieht, ziehst du das mit den Briefen jetzt voll durch.
Wie lange halten wir das aus?
Ich meine, es ist doch komisch, dass wir uns nur über Briefe kennenlernen. Wem soll ich das erzählen? Tiffe würde denken, ich hab 'ne Macke.

Ich fahre nicht in Urlaub. Meine Eltern haben kein Geld dafür, deshalb gibt's Balkonien, sagt meine Mutter. Nächstes Jahr will ich dann aber mit Tiffe nach Amerika, mit Rucksack und allem. Vorher muss ich jobben, man kriegt nur nichts richtig Gescheites. Zeitungen austragen interessiert mich nicht und es kommt auch nicht genug Kohle dabei rum. Mal sehen …

three hours später

Liebe Mona,

jetzt bin ich unzufrieden mit dem da oben und müsste wieder von vorn anfangen, aber da steht schon so viel. Richtig ehrlich finde ich Briefe eigentlich nicht, man kann sie ja immer von vorn anfangen, wenn einem was nicht passt. Da rutscht einem also spontan nie was Falsches raus. Wer weiß, wie das wäre, wenn wir uns mal unterhalten würden. Ginge vielleicht voll in die Hose. Andererseits ist es vielleicht auch gut, dass man erst mal alle Worte sortieren kann. Da kriegt der andere nichts in den falschen Hals …
Heißt das auf Englisch *the wrong neck* oder so was? Muss ich nachgucken, auch wenn ich manchmal gar nicht weiß, wofür ich mir eigentlich die Mühe mache. Mein Vater sagt, wenn die Schule vorbei ist, wäre es Essig mit einem Job, bei der Lage auf dem Arbeitsmarkt. Ich hab sowieso noch keine richtige Ahnung, was ich mal machen will – vielleicht erst mal rauskriegen, was ich *nicht* machen will. Meine Mutter sagt, egal, Englisch kann man immer brauchen. Vielleicht sogar in Erfurt?

Klingt ja nicht nach der tollsten *vacation*. Ich meine, wenn ihr euch sowieso alle nur gegenseitig anstinkt, warum fahrt ihr dann überhaupt zusammen in diese Kartoffelknödel-Pampa im Osten? Ist ja immer noch Osten, sagt mein Vater. Der ist übrigens mein richtiger Vater und auch der von Pitie und Lara. Meine Eltern sind nicht geschieden, aber sie waren mal nahe dran. Dann haben sie Pitie fabriziert. Ob das so gut ist, weiß ich nicht. Pitie kriecht gerade unter meinem Schreibtisch durch und grinst mich an und er weiß nicht, dass er nur auf der Welt ist, weil meine Eltern sich nicht mehr geliebt haben. Schon merkwürdig.

Lara trötet nebenan auf ihrer Flöte rum. Als sie vier war, hat eine Tante von der Kita gesagt, unsere Lara wäre so begabt, ein wunderbar musisches Kind. Also hat meine Mutter ihr eine Blockflöte gekauft und seitdem kriegt Lara Unterricht. Sie ist echt ganz gut, zumindest bei *Alle meine Entchen.*

Ob ich mit ihr spiele? Klar spiel ich mit ihr – Puppen anziehen, Puppen ausziehen, Puppen wieder anziehen. Ich freu mich jetzt schon drauf, wenn Pitie mal größer ist, aber momentan kann er ja noch nicht mal laufen. Das wäre auch *the new dimension in horror*. Steht hinten auf Carrie drauf. Auf dem Buch, mein ich. Dann käme er an alles dran. Da steht mir noch einiges bevor. Ich schiebe ihn wirklich manchmal mit dem Kinderwagen vor mir her, was garantiert voll scheiße aussieht. Womöglich denkt jemand, ich wäre sein Vater.

Du hast zwar von deinem Vater geschrieben und auch von diesem Freund deiner Mutter. Aber richtig gesagt hast du nichts über die beiden. Jedenfalls über diesen Freund mehr als über deinen Vater. Na ja …

Mona, schon wieder *is my left hand hurting*. Ich bring jetzt den Brief weg und lese dann weiter Stephen King. Hoffentlich ist die Ostpost schnell genug, aber die ist doch dieselbe wie die Westpost, oder? Ich weiß echt nicht, was mein Vater dauernd hat.

Wenn ich Telekinese könnte, müsste ich nie wieder Pitie windeln. Das würde ich mit purer Geisteskraft erledigen. Ich würde machen, dass ich selber fliegen kann. Ich würde sowieso alles anders machen.

Goodbye.

Dein David

gerade noch so der 30.
und draußen ist es dunkel

Mona,

das ist nur eine von diesen Umsonst-Postkarten, aber die Rosen drauf gefallen mir. Die sehen aus, als hätte sie Andy Warhol gemalt.

Carrie ist tot. Am Schluss stirbt sie. Wofür liest man so viele Seiten, und dann sind am Schluss alle tot? Ich bin richtig fertig deswegen. Nichts geht gut aus.

Diese Rosen schenke ich dir.

David

1. August 1998

Lieber David, lieber David, lieber David, lieber David, lieber David, lieber David, lieber David, lieber David, lieber David, lieber David, lieber David!

Stelle mir Ferien auf Balkonien vor.
Carrie stirbt in Spandau.

Wenn ich alles mit meinem Willen bewegen könnte, würde ich den Fernseher verschwinden lassen. Meine Mutter und ihr Freund hocken jeden Abend davor und lassen sich einsaugen. Ich höre die Fernsehgeräusche durch die Tür, durch die Ritze sehe ich die Gesichter der beiden und wie sie rauchen und etwas trinken, bisschen viel trinken, so lange, bis der Freund von meiner Mutter anfängt auf sie einzureden. Je mehr Bier, desto gesprächiger wird er. Erst hält er Vorträge, dann hat er immer Recht, dann wird er langsam sauer, bis er schließlich rumschreit. Seine Spucke klebt weißschaumig in seinen Mundwinkeln wie eine klebrige Masse, auf der er rumkaut. Wir drei gehen nie in dieses Zimmer rein, das Wohnzimmer. Auch nicht, wenn wir eine Frage haben. Wir warten dann, bis meine Mutter mal rauskommt, aufs Klo geht oder so. Betreten das Zimmer nicht mal, wenn die nicht zu Hause sind. Wenn der Fernseher nicht wäre, vielleicht würde meine Mutter wieder mit uns Karten spielen,

Canasta, so wie früher, als der nicht da war. Und der Typ würde nicht eins nach dem anderen saufen oder es draußen tun und nicht zu Hause, wer weiß.

Was ist eigentlich mit dir los?
Du hast deine Geschwister, Eltern, Oma, kriegst bestimmt Taschengeld, kannst auf Englisch lesen. Müsstest doch froh sein.
Wieso ist kein Geld zum Verreisen da?
Nicht mal zum Verreisen für dich?

Du hast dir also keine Sorgen gemacht, ich würde mich nicht mehr melden.
David, ich komme nicht.
Nur per Post.
Erzähl es doch deinem Freund Tiffe. Mal sehen, was er sagt. Früher schon wollte ich immer wissen, was die Jungen reden, wenn Mädchen nicht dabei sind.

Ich weiß nicht mal, wie alt du bist.
Dein Geburtstag.
Dein Sternzeichen.
Deine Hobbys (Lesen und Englisch lernen und USA, oder?)

Meinst du, wir würden uns mal streiten?
Na ja, kann ja sein bei bestimmten Themen.

Was würdest du denn alles anders machen?
Und wieso geht nichts gut aus?
Was ist los, David?

Lieber denke ich an die schönen Erlebnisse. Vom Bahnhof Zoo fahren Mona und David mit dem 100er-Bus zum Alex, in den Fahrstuhl, wusch, den Turm hoch und ins Drehcafé. Elektrisch von Kopf bis Fuß. Und Apfelschorle trinken. Und vor lauter Aufregung nichts rausbringen. Unten die Stadt. Weißt du, was ich mir vorgestellt habe?
Wir sind unten und über uns dreht sich die Stadt. Alle Häuser stehen Kopf, die Schwerkraft hält die Tassen auf den Untertassen, die Untertassen auf den Tischen, die Tische auf den Fußböden. Die Lampen hängen in den Himmel. Von uns aus gesehen. Alles stimmt, nur wir schweben und schalten unsere Tischlampe aus. Unsere Hände liegen auf dem Tisch und ich spüre die Wärme von deinen, in meinen Fingerspitzen kribbelt es.

Ich bring es nicht fertig, über meinen Vater zu schreiben. Später erzähle ich dir vielleicht was.
Kartoffelpuffer sind toll. Sag nichts. Du musst bestimmt nicht selbst kochen. Deine Mutter kocht ja vor. Ich mag meine Großeltern.
Wir dürfen alles. Die können ja nichts dafür, dass sie so alt sind. Heute gehen wir ins Kino. Mal sehen, was läuft, vielleicht *Titanic*.

Osten, na und? Hast doch wohl nichts dagegen, oder? Mir gefällt's. Hier gibt es mehr verrückte Leute. Die nicht nur so tun als ob. Meine Großeltern haben interessante Freunde. Heute war eine Kautschuktänzerin zu Besuch. Die hat einen Hals so lang wie meine Hand. Ich konnte gar nicht weggucken. Sitzt ganz gerade da, den Hals gereckt, braun gebrannt, und ich stellte mir vor, wie sie die Beine hinter dem Kopf verschränkt. Sie trug Jeans und T-Shirt und aß nur Salat. Sie hat zwei Kinder, die waren dabei. Ihr Sohn jongliert und kann Einrad fahren. Die Frau ist tagsüber Altenpflegerin, na, und abends fährt sie zu ihren Auftritten und verknotet sich auf der Bühne, bis alle denken, sie kann sich nie mehr entheddern. Sie trägt kleine Ketten an den Fußgelenken. Mein Opa sagt, sie kann mit den Beinen hinterm Kopf Handstand machen.

Rosen für mich.
Rosen bei mir.
Gehen mit ins Kino. In meiner Jackentasche, innen, gehen mit auf den Markt am Dom, gehen mit die Treppen rauf und gucken mit über die Stadt und unten stehen über hundert Gartenzwerge in Reihen, bestimmt so groß wie deine Schwester Lara, und gaffen lächelnd alle über den Platz.
David, wenn ich an meinen Vater denke, denke ich nichts. Er hat sich nie um uns gekümmert.

Vielleicht rufe ich mal bei dir an. Aber warte nicht darauf. Vielleicht rufe ich nämlich doch nicht an. Wenn ich nur an deine Stimme denke, habe ich einen Kloß im Hals vor lauter Aufregung.

David?
Ach nichts.

Mona

> 3. August – der Tiefdruckwirbel *Britta* ist abgezogen,
> hier war es aber sowieso dauernd heiß

Rosenmona,

das klingt wie Rosenmontag, fast, aber ständig muss ich jetzt an dich und an Rosen denken. Ich habe mir vorgestellt, wie du in einer Hängematte liegst, von der Sonne beschienen wirst und an mich schreibst. Die Schrift war so krakelig. Du hast so viele Fragen gestellt, da dachte ich: Mona ist gerade voll entspannt. Lässt sich von ihren Großeltern verwöhnen, guckt so rum durch den Sommer. Über dir zwitschern irgendwelche Vögel im Baum.
Ferien eben.

Eigentlich müsste es bei uns reichen mit Geld für einen Urlaub. Meine Mutter ist hier in Spandau Sekretärin bei Siemens, mein Vater arbeitet bei Ohrenstein & Koppel. Kennst du die? Guck mal genauer auf so einen U-Bahn-Waggon, die werden nämlich von Ohrenstein & Koppel hergestellt.
Jedenfalls schafft es mein Vater, die meiste Kohle nur für sich rauszuhauen, es bleibt praktisch nie was übrig. Teures Auto und alles. Und meine Mutter müsste längst Prozente bei Otto oder Neckermann kriegen, aber sie sagt, in ihrem Job kann man eben nicht ständig in denselben Klamotten rumlaufen.

Hmm …

Inzwischen glaube ich, dass du älter bist als ich, Mona. Ein bisschen jedenfalls. Oder? Nächsten Januar werd ich sechzehn. Steinbock.

Vorgestern stand einer vorm Haus, ein Typ mit zerzausten Haaren und dreckigen Klamotten. Der hat rumkrakeelt, dass bald der Zorn des Herrn über uns kommt. Wir wären Sünder im Fleische und kämen in die Hölle, weil wir Jesus und die gute Botschaft verleugnen. Ich musste an Carries Mutter denken. Alle guckten aus den Fenstern raus oder von Balkonien runter. Die Elslohe von nebenan hat eine Weile zugehört und dann geschrien, er soll die Fresse halten und arbeiten gehen. So ein Dreckschwein, hat mein Vater gesagt. Von ganz oben düste 'ne leere Colabüchse auf den Typ runter, da ist er abgehauen. Lara wollte danach wissen, was für eine Botschaft? Von der Nächstenliebe, hat mein Vater gesagt.

So viel zu den Verrückten. Im Osten gibt es vielleicht jede Menge Kautschuktänzerinnen mit langen Hälsen. Aber den Weltuntergang, den gibt's nur in Berlin, meint mein Vater. Für den ist überhaupt alles Berlin, der ist fast nie hier rausgekommen und das findet er auch noch gut.

Neulich waren wir in Schönefeld, als das Jubiläum von der Luftbrücke war. Für meinen Vater war das eine richtige Weltreise. Ich dachte, wie komisch das ist, weil ich mich ja so ziemlich überall in der Stadt auskenne, er aber nicht. Bestes Wetter. Jede Menge Leute. Es gab Kapellen, die haben Swing gespielt, und mein Vater und meine Mutter haben gelacht und mitgewippt. Überhaupt schienen

alle Leute ein bisschen über dem Boden zu schweben, sozusagen auf einer Wolke von guter Laune. Es standen massig Flugzeuge rum, auch Rosinenbomber, und mein Vater hat erzählt und getan und gemacht, als wäre er dabei gewesen, als die Amis ihre Carepakete abgeschmissen haben kurz nach dem Krieg. Dabei war er da noch gar nicht geboren. Und meine Mutter sagte, die hätten damals was reingeschmuggelt in die Pakete, ins Essen, und wegen der Spätfolgen wären heute alle Deutschen bekloppt und deshalb würden sie die Türken nicht rausschmeißen.
Wenn meine Mutter was sagt, dann tut sie das so laut, dass rundrum alle es hören. Jedenfalls kriegte das einer mit, das mit den Türken. Der fing dann an, wenn alle so denken würden, hätte es auch keine Luftbrücke gegeben, und wenn er sich meine Mutter so anhörte, dann würde er sich fast wünschen, es *hätte* auch keine gegeben.

Da war dann auch noch so ein total verschrumpelter Pilot. Die Amis heulen ja immer. Und der erzählte und erzählte, immer ins Mikro rein, wie bewegt er wäre und alles, weil er damals einen von den Bombern geflogen hat, und dabei hat er geheult. Ist seltsam, wenn so ein Opa weint, vor allem weil er einen ganz steifen Anzug trug mit lauter blank gewienerten kleinen Orden und Kinkerlitzchen dran, das hat irgendwie nicht gepasst.
Früher war noch was los, hat mein Vater gesagt.
Luftbrücke.

Lara wollte Eis. Ich hab Pitie huckepack genommen und mir die Flugzeuge angeguckt und wie über der Startbahn die heiße Luft geflimmert hat.

Das war ein guter Tag.

Ich weiß nicht, warum es mir manchmal nicht gut geht. Das kommt einfach so auf mich runter – vielleicht ist es ja der Zorn des Herrn. Manchmal denk ich, allen anderen geht es besser als mir, aber das ist Quatsch.
Einmal hab ich gedacht: So fühlen sich Zugvögel im Herbst. Die wollen ja auch weg, weil es kalt wird.
Ich versteh es nicht, wie dieses Gefühl in mir drin ist oder wie es da reinkommt, aber es ist so. Ist wie Noten ohne Musik. Oder wie ein Buch mit Buchstaben, die alle falsch aneinanderhängen. Hier braucht mich sowieso keiner außer Pitie. Da kann man dann eben genauso gut auswandern in die USA.

Ich zieh fast jeden Tag mit Tiffe rum, weil ja meine Eltern Urlaub haben, da muss ich nicht dauernd auf Pitie aufpassen. Sonst sind wir oft abends unterwegs, an den Wochenenden manchmal nachts. Meine Eltern kriegen nie was mit. Wir machen auch nicht viel, Tiffe und ich, gucken nur so rum. Für irgendwann demnächst ist der Potsdamer Platz angesagt. Die Baustelle ist echt cool, da kriegt man fast Lust, selber Architekt zu werden und Wolkenkratzer hochzuziehen und alles. Demnächst macht das Cinemaxx dort auf, aber bis jetzt sind nachts noch jede Menge Inliner und Skateboarder unterwegs, dröhnende Blaster und Techno und zwischendrin Nachtwächter und Bullen, die alle irgendwie zu kurze Beine haben und nur infarktmäßig rumkeuchen, weil sie beim Verfolgen nicht hinterherkommen.

Mir geht's gut. Berlin ist geil, an jeder Ecke was zu gucken. Gestern waren wir am Wasserklops. Alles voller Touris, brutale Hitze von oben. Diese Indios waren da, die auf ihren Panflöten spielen und dabei immer im Kreis rennen. Tiffe meinte, vom Panflötenspielen kriegt man Lungenkrebs, da würde er lieber rauchen. Tiffe ist wirklich ein super Kumpel. Hat auch schon 'ne Freundin gehabt.

Jedenfalls, wir sind da am Klops und natürlich muss ich sofort wieder an dich denken. Wie du vom Alex erzählt hast. Ich habe nicht vergessen, wie sich unsere Hände berührt haben. Gar nichts hab ich vergessen. Einmal hast du dich gegen das Fenster gebeugt und Richtung Gendarmenmarkt geguckt. Deine langen Haare fielen nach vorn, da hast du sie dir aus dem Gesicht gestrichen. Du hast so dunkle Haut, das finde ich schön.

Ist komisch mit den Briefen. Ich hab mich schon richtig dran gewöhnt und dieser hier ist bis jetzt der Rekord in Sachen Länge. Tiffe hab ich übrigens nicht von uns erzählt. Ich weiß nicht, ich hab eben ein bisschen Muffe, dass er sich dann über mich lustig macht. Der kann sich garantiert nicht vorstellen, dass man sich über Briefe kennenlernt statt übers Knutschen. Nächsten Sonntag geh ich mit ihm zum Basketballspielen. Nur zugucken. Da bleibt es übrigens voraussichtlich trocken bei milden 24 Grad. Das ist gut für die Rosen, schätz ich.

Wann kommst du wieder? Fall nicht aus der Hängematte!

Dein David

Dear Mona in the East,

geschrieben hab ich dir heute schon. War auch schon auf
der Post.
Und jetzt noch mal Rosen.
Rosen kann man nie genug haben, finde ich.
Immer wieder lese ich deine Briefe.
Ich hab was gemerkt, das mir vor lauter Mona in den
Wolken und auf dem Kopf stehendem Fernsehturm bis jetzt
gar nicht richtig aufgefallen war:

Warum bist du eigentlich so unsicher?

David

mit Jacke, mit Strümpfen, am 5. August

David, dein Brief hat mich gerade noch erreicht, jetzt sind Nadja und ich in Schwäbisch Gmünd bei meiner Tante. Wir bleiben zwei Wochen hier (wenn's mir nicht langweilig wird).
Hier war was los – Zeugnistag. In allen Cafés auf dem Marktplatz saßen Schüler. Viele standen um den Brunnen, ein achteckiger alter Brunnen aus Eisen mit vier Rohren und in der Mitte Blumen. Viele Mädchen und ein paar Jungen standen pitschnass im Wasser. Am Anfang haben alle noch gelacht. Immer wieder schleppten vier, fünf Jungen ein trockenes Mädchen an, warfen es in den Brunnen und tunkten es runter. Mit Schuhen, Sachen und natürlich hatten sie auch nasse Haare. Nadja und ich versteckten uns am Kaufhauseingang. Dabei kannte uns niemand. Aber Schiss hatte ich trotzdem. Die Nassen haben versucht die Trockenen nass zu spritzen. Ein Mädchen hörte nicht auf, sich zu wehren, strampelte und schlug um sich, fünf Jungen haben es nicht geschafft, sie reinzuschmeißen. Eine Weile habe ich zugeguckt, dann sah ich ihr Gesicht. Verzweifelt, sie biss die Zähne zusammen und kämpfte. Ich hin und alle Jungen angeschrien: Lasst sie los! Lass sie los! Wenn sie nicht will, lass sie los. Jedem einzeln ins Gesicht geschrien und in die Arme gegriffen, wie ich nur konnte so fest. David, es ist komisch – in solchen Momenten gibt es nur das eine,

ich kann nichts mehr denken, nur noch wild werden. Die Typen haben mich nur erstaunt angesehen und das Mädchen dann losgelassen. Es blieb ihnen nichts übrig, ich hing ja an ihren Armen. Kaum war das Mädchen drei Schritte gegangen, hat der nächste Scheißkerl sie um die Taille gepackt. Den habe ich sofort angesprungen, da ist er gleich abgehauen. Sie ging ein paar Schritte, ich zurück zu Nadja, da dreht das Mädchen sich noch mal um und sagte: Danke. Wir lachten uns an. Dabei war mir nur zum Heulen. Zittrig. Diese blöden Jungs sind so gewalttätig. Lachen sich krumm dabei. Und über den Blumen im Brunnen Maria mit Jesusbaby aus Eisen, lächelt unendlich katholisch und sieht aus wie ein angemalter Zinnsoldat.
Nadja hielt meinen Rucksack, wir sind erst mal Eis essen gegangen. Mann, war die stolz auf mich. Fand die es toll, so eine große Schwester zu haben. Da ging's mir dann besser.
Wie King Kong, hat Nadja gesagt. Da war ich dann auch stolz auf mich. Die Jungs und auch das Mädchen waren alle größer als ich.
Wie King Kong. Fünf auf einen Streich. Manchmal möchte ich sie alle niederschlagen. Im Schwimmbad habe ich es immer schon so gehasst, wenn die Scheißkerle die Mädchen überfallen. Machst du so was auch?

Über Stock und über Stein …
Jetzt bin ich noch weiter weg von dir …

Ich hoffe, du machst so was nicht. Mädchen so behandeln.
Brutal können viele Jungen sein, aber richtig mal reden,
über ihre Gefühle oder so, dazu sind sie dann zu feige. Mit
den meisten Jungen kann man gar nicht reden.
Aber bei dir geht es mir anders.

Erinnerungen kriechen in meine Gedanken und plötzlich
möchte ich alles Mögliche erzählen, was ich nie jemandem erzählt habe. Dass mir so ein Kram überhaupt
einfällt.
Z. B. wie mein Vater früher immer geschimpft hat, jedes
Mal, wenn das Telefon geklingelt hat, schrie er: Dieser
Scheißapparat, ich schmeiß ihn noch mal aus dem Fenster.
Meldete sich und sprach dann saufreundlich. Wenn er
mit mir mal so reden würde, so freundlich meine ich,
würde ich wahrscheinlich vor Schreck wegrennen.
Der Freund meiner Mutter wohnt eigentlich nicht bei uns.
Er hängt da nur rum. Sie hat ihn schon zigmal rausgeschmissen, sagt sie. Aber in Wirklichkeit ist er abgehauen. Wir hören ja nachts, wie das so läuft. Nur meine
Mutter denkt, wir schlafen. Na, und dann kommt er
immer wieder an, und meine Mutter? Ob du es glaubst
oder nicht, sie ist jedes Mal froh ihn wiederzuhaben.
Und ich bin froh, dass sie noch da ist. Meine Mutter
haut nämlich auch manchmal ab. Na, so ist es eben. Ich
werde später anders leben. Werde mir von niemandem
was sagen lassen, wozu wird man denn sonst erwachsen?

David, du bist ja erst 15!
Hätte ich nicht gedacht. Aber stimmt – du hast noch keinen Bart. Und weißt du was?
Du gefällst mir so. Auch dass du deine Haare länger trägst, die Wellen darin. Fast alle Mädchen wollen ältere Freunde, weil die nicht so kindlich sind.
Ich nicht mehr.
Die Älteren wollen alles Mögliche, was die Mädchen erst noch ausprobieren möchten. Ich jedenfalls.
Hm.
Ich glaub, ich werde rot.
Ich glaube, du hast wirklich noch keine Freundin gehabt.
Ich bin gerade 17 geworden. Am 12. Juli – da kannten wir uns schon zwei Tage und ich war noch 16.
Lieber David, deine Karte haben mir meine Großeltern nachgeschickt. Ich antworte dir später auf deine Fragen, ja? Hab schon so viel geschrieben jetzt.

Mona. Deine.

schon der 7. August

Mona,

jetzt hab ich tagelang überlegt und bin immer noch nicht schlauer. Außer dass ich ehrlich sein sollte – was ja meistens leider das Schwierigste ist –, fällt mir nichts ein. Und in der Zwischenzeit denkst du womöglich, ich wäre tot. Hätte mit Panflötenspielen angefangen und sofort Lungenkrebs gekriegt.

Egal.

Ich komm nicht damit klar, dass du schon siebzehn bist. Ich meine, man könnte ja sagen, was soll's? Du siehst so jung aus, da hab ich gedacht, wir wären etwa ein Alter. Sonst hätte ich dich gar nicht angelächelt. Siebzehn kommt mir so erwachsen vor. Was willst du von mir? Und es ändert doch nichts, dass ich älter aussehe, als ich bin, nur weil ich schnell gewachsen bin und breite Schultern hab und alles. Und dass du jünger aussiehst.

Also, ich muss dir das einfach schreiben, sonst sitz ich nur rum und heule. Muss den Brief ja dann nicht abschicken, aber vielleicht wartest du drauf? Auch egal …

Hattest du schon mal einen Freund? Es macht mich total fertig, an so etwas zu denken. Der hat dann viel mehr Erfahrung als ich, nicht nur mit Liebe, sondern überhaupt, und du natürlich auch. Tiffes Bruder ist siebzehn und so was von cool. Mit siebzehn ist alles anders. Das schreibst du ja selbst, dass die Typen dann nicht mehr so kindlich sind, und ich erzähl dir schön doof, wie ich Pitie im Kinderwagen durch die Gegend schiebe und seine Kackwindeln wechsle, und schick dir auch noch Postkartenrosen. Toll!

halbe Stunde später

Hab schon wieder nachgedacht. Manchmal, wenn ich mich aufrege, denke ich immer dasselbe. Kein neuer Gedanke passt dann dazwischen. Das ist kein Zeichen von Intelligenz – hat der Bauwald mal zu mir gesagt, mein Mathelehrer. Er meint, man soll sich alle Wege zum Ziel vor Augen führen und auch alle mal ausprobieren. Ich sehe immer nur einen Weg, und wenn der nicht funktioniert, steh ich einfach dumm da. Dann renn ich mir lieber den Kopf ein, als an mögliche andere Wege zu denken.

Ab jetzt geb ich mir Mühe.

Das wäre der neue Weg (der Bauwald würde *eine alternative Herangehensweise* sagen): zum Beispiel, dass es ja ein Vorteil ist, jünger zu sein, weil ich dann nicht irgendwelche Mädchen in den Brunnen schmeiße. Ich kann gar nicht brutal sein, glaube ich. Jedenfalls war ich es noch nie, außer einmal. Vielleicht erzähl ich dir das irgendwann später. Wir haben uns doch noch jede Menge zu erzählen,

oder? Schreibst du mir weiter? Ich bin dieser nette junge, älter aussehende Typ aus Spandau, den du in der City kennengelernt hast. Manchmal fahre ich meinen kleinen Sabberbruder spazieren. Das findet er klasse und keiner liebt mich so sehr wie er. Später zieh ich mal durch die Welt, danach leg ich sie jemandem zu Füßen.
Hey, das war ein Angebot. Immerhin ist ja seit Montag Sommerschlussverkauf.

Ich werde jetzt todesmutig diesen Brief wegbringen, weil du sonst nie wieder von mir Post kriegst. Außerdem weiß ich wirklich nicht, was ich sonst schreiben sollte. Die Wahrheit und nichts als die Wahrheit, wie in einem von diesen Anwaltsfilmen. Also schick ich jetzt den Brief nach Schwäbisch Gmünd. Ich hab im Atlas nachgeguckt. In der Nähe wohnt meine Patentante. Wenn die wüsste, wie gern ich plötzlich Briefe schreibe! Sogar so seltsame wie diesen hier.

Sei nicht sauer, okay?

David

PS: Herzlichen Glückwunsch nachträglich zum Geburtstag!

PPS: Tschüs, King Kong!

8. August 1998

Ja, na und, bin ich etwa nicht jung?
David?
Du siehst kein bisschen älter aus als 15.
Was gibt's denn da zu heulen?
Hast du jetzt Angst gekriegt?
Ich fall darauf nicht rein. Das sage ich dir.
Dann haust du ab und kommst wieder, schreibst wieder, denkst, ich warte auf dich unendlich, bis du dich entschieden hast. So wie meine Mutter.
Nee, Alter. Bleib in Spandau.
Ich mach's anders als meine Mutter. Dafür bin ich zu jung. Ich will mein Leben genießen. Jetzt. Wenn ich 20 bin, mit 30, mit 40 und immer. Obwohl 40, da ist man ja schon faltig.
Egal.
Es ist überhaupt nicht egal, ob ich warte. Ich warte nämlich nicht umsonst. Das kannste glauben!
Und wenn du jetzt 17 sein willst und so ein obercooler Tiffe-Bruder-Typ, dann bist du bei mir falsch.

Mann, du Arsch, ich war so froh, deine Schrift zu sehen.
Ich wollte mich richtig verlieben. Ja, genau, mit einem zusammen sein, der seinen kleinen Bruder rumschiebt.
Da würde ich nämlich mitkommen. Und einer, der sich nicht zu blöd ist, mit seiner Schwester zu spielen.

Ich spiele nämlich auch gern.
Ob du's glaubst oder nicht.

Außerdem hättest du mich vielleicht mal eingeladen und da hättet ihr alle mit mir beim Essen zusammengesessen und wir hätten uns unterhalten.
Und überhaupt, ich hatte schon einen ganz anderen Brief geschrieben, aber den schicke ich nicht ab.

So, jetzt ist er im Mülleimer gelandet.

Und ob du meine Klaue lesen kannst, ist mir scheißegal.
Warum ich unsicher bin?
Weil so einem Typen wie dir einfallen könnte, dass er mich doch nicht will, weil ihm an mir irgendwas nicht passt.
Da muss man ja wohl vorsichtig sein.
Ich werde mich für niemand ändern, auch nicht für einen 15-Jährigen.
(Auch nicht für meinen lieben David.)

Mona

Die Rosen kannste wiederhaben, wenn du schon bereust, dass du sie mir geschenkt hast.
So.

Jetzt habe ich sie zerrissen.
Mathelehrer.
Jemandem die Welt zu Füßen legen. Dass ich nicht lache.
Das kannst du gar nicht. Da musst du erst mal über die alternative Herangehensweise grübeln.
Bis du dich ausgegrübelt hast, ist die Welt weggelaufen.
Mich gibt's nicht im SSV!!!
Vergiss es.
Anwaltsfilme. Kannst du nur Filme anglotzen und telekinesischen Schwachsinn lesen?
Denkst du, es gibt nicht mehr zu erleben als Balkonien und Luftbrückenfeier – außerdem war die in Tempelhof und nicht in Schönefeld. Ich war nämlich auch da, und warum hast du mich da nicht angelächelt, dann hätten wir uns früher kennenlernen können. Die Rosinenbomber sind über unser Haus geflogen, ich bin zum Flughafen gelaufen, so nah wohne ich.
Doch, ich bin sauer.

MONA

Wenn du dich jetzt verpisst, habe ich mich ganz umsonst verliebt. Aber ist ja nicht viel gewesen.
Siehste mal, wozu Briefeschreiben gut ist!

BALKONIEN!!! 10. Scheiß-August

Mona,

weißt du, was ich aus deinem Brief gelernt habe? Dass man mit siebzehn kein bisschen erwachsener ist als mit fünfzehn.

Ich kann auch wütend sein.

Ich hab geheult nach deinem Brief. Nicht meinetwegen, sondern deinetwegen. Ich sag dir mal was: In meine Klasse geht ein Mädchen, Carinna, die hat dieselbe Schramme wie du. Hackt auf allen rum, die es gut mit ihr meinen, macht auf unberührbar, die ist voll durch den Wind. Drückst du auch Zigarettenkippen auf deinem Arm aus?

Du hast meinen Brief ja gar nicht richtig gelesen. Ich hab an keiner Stelle gesagt, dass es dich im Sommerschlussverkauf gibt. Und es gibt auch überhaupt keinen Grund, sich einzupissen, weil ich Tempelhof mit Schönefeld verwechselt hab. Ich war jedenfalls da, und ob du auch da warst, interessiert mich gerade mal kein bisschen. Wenn du Anwaltsfilme und Carrie ätzend findest, juckt mich das auch nicht.

Dann sei halt sauer. Aber wenn du dem nächsten Typen schreibst, weil du anscheinend zu feige zum Telefonieren bist, dann denk vorher darüber nach, ob du den auch fertigmachen willst. Ich hab nur versucht ehrlich zu sein und du behandelst mich dafür wie ein Arschloch. Das blick ich ja schon mit meinen fünfzehn – dass du dich benimmst wie Lara, wenn sie mir unbedingt ihre blöden Bildchen zeigen will und ich keine Lust darauf habe, sie mir anzugucken.

Weißt du, lieber grübel ich hier auf Balkonien rum und weiß dafür mit siebzehn dann mehr als du. Ich werde jedenfalls nicht wegen dem kleinsten Furz abhauen. Von mir aus mach dich auch darüber lustig, dass ich jemandem die Welt zu Füßen legen will. Aber wenigstens hab ich ein Ziel, das vor mir liegt, ganz egal, wie bescheuert du oder sonst wer das findest. Du hast nämlich gar nichts, außer irgendwas, das *hinter* dir liegt, und davor haust du ab. Um das rauszukriegen, muss man nicht mal so intelligent sein, wie der Bauwald mich gerne hätte.

Ich geb mir wenigstens Mühe. Aber du, du stinkerst nur rum. Also genieß doch dein Leben. Dürfte dir nicht schwerfallen. Schließlich haust du ja gleich ab, wenn es Probleme gibt, immer schön der Sonne nach. Weißt du, meine Eltern sind vielleicht ein bisschen langweilig, aber eines hab ich mitgekriegt: Die verlangen nicht voneinander, dass sie sich ändern. Das hätte ich von dir auch nicht verlangt. Meinen Eltern passt jede Menge nicht aneinander, aber darüber reden sie und laufen nicht weg. Du denkst, ich würde abhauen, weil mir was an dir nicht passt? Es ist doch genau andersrum – wer hat sich denn vor wem verpisst?

Du *wolltest* dich verlieben? Ganz toll. Liebe ist ja auch bestimmt was, das man *wollen* muss, und nichts, was einem passiert. Wenn man angelächelt wird auf der Straße oder gemeinsam auf dem Alex steht und über die Stadt guckt zum Beispiel. Wenn man plötzlich jemanden anfassen will, den man vor einer Minute noch nicht gekannt hat.

Ich hab dir gesagt, wovor ich Angst habe. Ich finde das eben komisch mit unserem Altersunterschied. Dafür trampelst du jetzt auf mir rum. Anscheinend willst du doch lieber einen coolen Typen, der dir nicht verrät, was in ihm abgeht. Denn wenn er es tut, wird dir das ja gleich zu viel. Wahrscheinlich würdest du Pitie auch nur so lange klasse finden, bis du ihn zum ersten Mal stundenlang durch die Gegend geschoben oder mit seinem Scheißspinat gefüttert hättest, während andere Leute in dieser Zeit Party machen.

Immer, wenn ich an dich gedacht habe, war das irgendwie wie Frühling. Es war wie Schweben oder wie in der Achterbahn, wenn man ganz oben ist und es runtergeht und alle kreischen und man schreit laut mit und hört sich selber schreien und denkt trotzdem, es wäre ein anderer. Es war wie im Regen herumlaufen und laut dabei singen. Es war wie Schwimmen, wenn man gerade eben noch Boden unter den Füßen hatte, und plötzlich ist er weg und man merkt, dass man keine Angst haben muss, denn man geht nicht unter. Man geht nicht unter, weil das Wasser einen trägt.
Es war wie tausend solche Sachen.

Es war wunderschön.

Das Schlimmste ist, dass es sich immer noch so anfühlt.

Du kannst dich entschuldigen oder es bleibenlassen.

David

14. August 1998

1. Postkarte

Ach David, jetzt schreibst du bestimmt nicht mehr. Ich bin in Paris. Nach meiner Wut und gerannt wie ein wild gewordener Bär zur Post und weg mit dem brennenden Brief und nach deinem letzten Brief dachte ich, Schluss mit Familie, Tante, Onkeln, Cousinen, Nadja und den weißen Katern. Schluss mit Verwandtschaft. Atilla und Konni sind gleich aus Berlin gekommen, dann haben wir uns an die Straße gestellt und sind losgetrampt. Wir sitzen in einem Café auf dem Montmartre und schreiben Postkarten. Forts. folgt.
M o n a

2. Postkarte

Vielleicht lasse ich mich malen. Hier gibt es einen Kettenraucher, der zeichnet die besten Porträts am Platz. Wir wissen noch gar nicht, wo wir heute Abend übernachten, werden schon was finden. Ich hau gar nicht ab vor Problemen. Stimmt nicht. Überhaupt nicht. Von wegen – hinter mir liegt was. Nee, ich stehe mittendrin, mein Leben fängt erst an und ich versuche auf meine Art

zurechtzukommen. Und du verstehst es nicht.
Ich hoffe, du redest trotzdem noch mit mir.
Oder schreibst.
Deine Mona. Immer noch. Mit erhitztem Herz.

19.08.98

This is a Welcome-Home-Card.
I'm no longer sauer.

Erzähl mir von Paris, Mona.
Erzählst du mir von Paris?
Dann erzähl ich dir von Berlin.

David

Lieber David,

noch immer in Paris.

Konstantin und Atilla bummeln auf dem Boulevard Saint-Michel. Ich sitze an der Seine auf einer Bank und passe auf das Gepäck auf. Habe keine Lust auf Menschen und Gedränge. Die beiden holen mich hier nachher wieder ab.
Hinter mir fährt ein lautes Ding mit Rüssel, ein Mann sitzt drauf und saugt damit die Hundekacke ein. Stell dir vor, den ganzen Tag hat er nur Hundekacke vor Augen. Hier gibt es nicht so viele riesige Hunde wie bei uns, dafür viele kleine. So Struppi-Hunde, Idefixe, Pudel und Spitze. Kleine Kläffer.
Ich will dir was erzählen und weiß nicht, wie ich anfangen soll.
Der Fluss ist breit und hellgrün, die Sonne weiß wie der Himmel, diesig. Vielleicht denken die Leute, wie ich hier sitze mit Schlaf- und Rucksäcken, ich bin so eine, die unter einer Brücke schläft. Davon gibt es hier viele. Viele Brücken und viele Obdachlose. Die Brücken sind aus hellem Stein wie die Häuser und wie Notre-Dame, die Kathedrale. Alles Stein um mich. Und Autos, hastende Menschen. Du kannst dir nicht vorstellen, wie viele Menschen hier rumlaufen. Als wären im Zoopalast alle Filme auf einmal zu Ende und die Leute strömten raus. Aber das fließende Wasser beruhigt. Am Ufer entlang

werden alte Bücher, Postkarten und Bilder verkauft. Ich werde nachher mal ein bisschen stöbern.

Erst mal erzählen. Von zu Hause. Und warum ich mich so aufgeregt habe. Und was ich dir verschwiegen habe. Also.
Meine Mutter liebt einen Mann. Immer den gleichen. Und der ist mal da, mal nicht. Der behandelt sie mal schlecht, mal gut. Sie versucht es immer wieder mit ihm, sie liebt ihn eben. Liebe scheint was Schreckliches zu sein. Man lässt sich beschimpfen und angiften und will es immer wieder vergessen und von vorn anfangen.
Was ich sagen wollte:
Der Freund meiner Mutter ist ein Scheißkerl. Er will mich immer anders, als ich bin. Nie mache ich was richtig, nie gefällt ihm was, meinste, der fand mal irgendwas gut, was ich gemacht habe? Wenn ich 20 Einsen auf dem Zeugnis hätte, würde der höchstens sagen: Na, war ja auch mal Zeit, dass du dich anstrengst. Oder so was in der Art.
Als ich klein war, mochte ich den Freund meiner Mutter. Ich wollte ihm gefallen, hab ihm Bilder gemalt und Blumen gebastelt. Der hat grade mal Danke gesagt. Ich wollte, dass er lieb zu mir ist.
Er hat auch mal woanders gewohnt. Meinst du, der hätte nur ein Mal angerufen oder auf einen Brief von uns geantwortet? Ich hatte mir eine Frist ausgedacht: Wenn ich nach vierzehn Tagen keine Antwort kriege, hört er nie

wieder was von mir. Dann ist er für mich gestorben.
Na ja, ich habe die Frist verlängert und verlängert, aber nach 40 Tagen hat's mir gereicht und ich habe alle seine Fotos verbrannt, die ich in der Wohnung nur finden konnte.
Meine Mutter hatte da gerade einen anderen Mann, ach ja, der mit den grau gefleckten Teppichböden und der Deckenbemalung. Der war so lange da, bis der Kerl wieder aufgetaucht ist. Da hat sie den Neuen gleich weggeschickt. Dabei ist der so nett gewesen, der ist sogar mal mit mir angeln gegangen an einem kleinen See in Hellersdorf. Er hatte eine coole Wohnung am Stadtrand. Da war die Stadt zu Ende, als hätte man sie mit der Schere abgeschnitten. Es war das letzte Haus. Aus dem Küchenfenster hast du auf ein Feld geguckt und auf diesen See, war eher ein Teich. Wie bei Herrn Flupp und seinen sieben Enten. Kennst du Herrn Flupp? Das allerschärfste Lieblingsbilderbuch. Konnte ich auswendig, als ich klein war. Meine Mutter hat es mir bestimmt 200-mal vorgelesen, ein halbes Jahr lang jeden Abend. Ich kann es immer noch auswendig. Musst du unbedingt Pitie vorlesen. Na egal. Aus dem Wohnzimmerfenster hast du in die neu gebaute Siedlung geguckt mit den kleinen ausgesetzten Bäumchen überall. Da gibt es keinen großen Baum weit und breit. Komisch, aber ohne Bäume fühlt man sich so verlassen. Ohne Schutz.
Und vom Balkon im sechsten Stock konnte man über die Dächer hinweg ganz in der Ferne den einen Turm

mit der Kugel blinken sehen. Wir sind da nie mehr hingekommen, der Neue ist in seine Wohnung zurückgezogen und Ende.

Also, es ist so: Der Freund meiner Mutter war mal ihr Ehemann. Die haben sich, als ich klein war, nicht vertragen. Er hat getrennte Betten gebaut, nach der Arbeit ist er in seine Werkstatt gegangen, eigentlich hat er fast nie mit ihr geredet. Es hat sie angekotzt. Sie hat sich gedacht: Wozu lebe ich mit einem Mann, der mich behandelt, als wäre ich unsichtbar, und gleichzeitig soll ich den Haushalt für ihn machen? Sie haben sich scheiden lassen, er ist ausgezogen, das erste Mal. Na ja, du weißt ja, sie sind wieder zusammen. Ein geschiedenes Paar.
David?
Der Freund meiner Mutter ist mein Vater.
Mein echter leiblicher Vater.
Leider sehe ich ihm ähnlich.
Er ist auch Nadjas und Florians Vater.
Ich sage niemals wieder Vater zu ihm.

Das weißt du jetzt.

Manchmal verschwindet er für ein paar Wochen oder Monate, das sind die guten Zeiten zu Hause. Wenn es lange dauert, verliebt sich meine Mutter in jemand anders, dann ist sie gut gelaunt und aufgedreht, das sind die Zeiten, in denen wir neue Klamotten kriegen. Sie geht

dann mit mir, Florian, Nadja, einzeln zum Tauentzien.
Ich suche mir Schuhe aus oder eine Hose oder ein T-Shirt,
und wenn ich was gefunden habe, kauft sie es mir, kauft
genau das, was mir gefällt, und danach gehen wir in ein
Café am Wittenbergplatz und essen Kuchen. Das ist so
toll.
Dann kommen die schrecklichen Zeiten – nämlich, der
Typ taucht wieder auf und sie gehen beide weg. Meine
Mutter gibt uns fünfzig Mark für Essen, dann verschwinden sie. Ich musste dann früher immer einkaufen,
kochen, abwaschen, mich um Nadja kümmern, ihre
Schularbeiten, dass sie sich wäscht und rechtzeitig ins
Bett geht. Jetzt ist es schon lange nicht mehr vorgekommen. Jetzt ist es eher so, wenn sie sich ein zweites Mal
scheiden lassen könnte, würde meine Mutter sich zum
zweiten Mal scheiden lassen. Glaube ich jedenfalls. Jetzt
könnte Nadja auch mithelfen, jetzt könnte meine Mutter
ruhig verschwinden. Bloß, ich habe immer Angst, dass
ihr was passiert. Früher konnte ich vor lauter Angst gar
nicht essen, Angst, dass sie nie wiederkommt. Nach dem
ersten Liebesanfall würde sie sich bestimmt an uns erinnern, sie würde uns nie im Stich lassen. Aber wenn sie
kein Geld hat oder zu weit weg ist oder er sie nicht gehen
lässt oder sie einen Unfall hat?
David, wenn ich mich an diese Sorgen erinnere, klopft
mir das Herz und mir ist schlecht und mulmig.

Liebe muss schrecklich sein.

So wie du deine Eltern beschreibst, na danke, die sind ja auch hart drauf. Glaube ich nicht, dass die immer alles besprechen und alles so wunderbar ist. Bei den Sprüchen, die die draufhaben. Was du da von der Luftbrückenfeier erzählt hast. Nee.

Ich bin verliebt, ja, aber ich will nie abhängig werden. Graule mich, dass ich womöglich nicht mehr loskomme, wenn der andere mich nur noch daran hindert, das zu machen, was ich für richtig halte.
Muss erst mal wissen, ob der andere mich nicht nur runtermacht, bis ich womöglich irgendwann dann schon selber denke, ich kann nichts und ich weiß nichts. Wie meine Mutter. Und ob er es ernst meint.

Obwohl, ihr Typ meint es vielleicht ja ernst. Aber meine Mutter sagt, der ist immer unsicher, ob er sie wirklich bei sich haben will. Wie soll denn das Liebe sein?
Weißt du, ich fühle mich schon glücklich, wenn ich nur was für dich tue, zum Beispiel so ein kleines Bild malen, und mich schon darauf freue, es dir zu schenken. Aber ich habe auch Angst, richtig verliebt zu sein. Vielleicht macht man dann wirklich immer alles, was der andere verlangt?
Oder?

Nein.
Ich nicht. Wenn jemand versucht über mich zu bestimmen, dann tschüs. Dann bin ich weg. Ich will wirklich niemals so leben wie meine Mutter. Ich würde es auch meinen Kindern nicht antun.

David, ich höre jetzt auf. Ati und Konni sind da. Wir gehen gleich irgendwo Baguette mit Käse essen.

Ich bin so durcheinander.
Vielleicht sprechen wir mal darüber.

So, den Brief schicke ich heute noch ab, bevor ich es mir anders überlegen kann. Wie findest du die Briefmarke? Fetzt, oder? Hier sind überall noch Spuren von der Fußballweltmeisterschaft. Werbung auf den Essensverpackungen, in den Fotoautomaten in der Metro kannst du dich in einem Nationaltrikot fotografieren lassen. Die Fußballer sind auf Fotos in jeder Zeitschrift abgebildet, wie sie nach dem Endspiel Ferien machen. Und es gibt noch die Fußballbriefmarken. Die runde ist die schönste, die klebe ich auf diesen Brief.

Deine Mona

20. August, etwa 60 Meter

Mona, wenn du wiederkommst, findest du diesen Brief, es sei denn, deine Familie hat ihn irgendwo ans Schwarze Brett gehängt. Für die Nachbarn vielleicht.

Eine Postkarte findest du auch, aber in einem Umschlag. Auf der steht drauf, dass du mir von Paris erzählen sollst. Und dass ich nicht mehr sauer bin. Hab sie geschrieben und erst dann fiel mir ein, dass ich sie ja gar nicht abschicken kann. *Mona, Frankreich, möglicherweise noch Paris* hätte als Adresse schlecht ausgereicht, schätze ich.

Ich wäre so gern mit dir dort.

Dass ich dir von Berlin erzähle, steht auch noch auf der Karte. Eigentlich sollte das so eine Art Tauschhandel sein, aber ein Brief von dir ist bis jetzt noch nicht angekommen. Jeden Tag renne ich zehnmal zum Postkasten. Ich renne wirklich, weil bei uns gerade der Lift im Arsch ist. Sechs Stockwerke runter, die Leute im Haus sind alle stinksauer, weil sie ihre Tüten und Mülleimer und was weiß ich alles durch die Gegend schleppen müssen. Die Elslohe will die Verwaltung verklagen. Sie steht von morgens bis abends im Treppenhaus, lässt Hinz und Kunz an sich vorbeimarschieren und quatscht alle an. Die weiß natürlich genau, dass dieser kaputte Lift eigentlich eine geile Sache für sie ist – ich meine, wo kriegt sie sonst schon so viel Unterhaltung geboten? –, aber sie pöbelt trotzdem rum:

Der Hausverwalter hätte noch nie irgendwas auf die Reihe gekriegt und sowieso wäre er ein armes Würstchen mit einer noch ärmeren Wurst. Das schreit sie original quer durchs Treppenhaus!

Jedenfalls, der Postkasten. Guck dir das mal an: 10 × am Tag 6 Etagen und die Etagen × 2 – weil runter und wieder rauf – und das alles × 18, nämlich für 9 Stufen pro Treppenabsatz, aber die × 2 wegen 2 Absätzen pro Etage – macht zusammen pro Tag 2160 Stufen. Weil ich sie runter doppelt nehme, sind es eigentlich nur 1620. Aber die nehme ich alle für *einen einzigen* Brief von dir in Kauf, und der kam bis jetzt nicht mal an!

Aber jetzt erzähle ich dir von Berlin – aus besonderem Anlass sozusagen, und mit Treppen hat es auch was zu tun. Mona, das glaubst du mir nämlich nie, von wo ich dir schreibe! Ich fang mal damit an: Es ist zwei Uhr nachts und ich sehe das Brandenburger Tor und massenweise Kräne vor dem Reichstag. Die neue Kuppel ist fertig und schimmert ein bisschen wie Kristall und sieht einfach nur klasse aus.

Die Elslohe schimpft ja regelmäßig, seit der Wende würde Berlin den Bach runtergehen, die Politiker hätten das mal besser gelassen mit Hauptstadt und so, man müsse sich nur mal den Reichstag angucken mit dieser Glaskuppel von einem *gottverdammt englischen* Architekten! Hat sie wirklich genau so gesagt. Und dann noch die Ossis überall, sie wären ihr von Anfang an nicht geheuer gewesen, so schnell würden nämlich niemals Kommunisten zu

Demokraten, die wären nur scharf auf unsere gute D-Mark gewesen und die wäre ja jetzt auch im Arsch wegen des Euros. Aber bei den Bundestagswahlen in fünf Wochen, da gäbe es dann endlich die Quittung für die Ossis.
Was die halt so quatscht …

Es gibt dieses Foto von mir, Klein-David auf Papas Schultern, vor der Mauer am Brandenburger Tor, ein grinsender kleiner Stöpsel mit einem Fähnchen in der Hand. Es ist Nacht, aber taghell erleuchtet, rundrum alles voller Leute. Mein Vater lacht. Ich lache auch, weiß der Geier warum, vielleicht, weil alle anderen auch lachen. Das Foto ist bei uns im Wohnzimmer aufgestellt, eingerahmt. Mein Vater sagt, das wäre Geschichte, aber ich wäre zu klein gewesen und hätte das historische Ereignis sozusagen verpennt, oder ob ich mich etwa noch erinnern könnte? Ich dann: Klar kann ich, es war schließlich voll historisch, oder warum würde ich sonst wie ein Wilder das Fähnchen schwenken? Dann frag ich ihn, hat Mama das Foto geknipst, und er sagt, nee, die war nicht mit dabei. Das heißt also, dass er früher mal alleine mit mir losgezogen ist.

Mona – ich sitze im neuen Sony-Gebäude am Potsdamer Platz!
Fast oberste Etage, jedenfalls bis jetzt, etwa zehn Stockwerke kommen ja noch drauf. Ganz oben ging leider nicht, da laufen Wachen rum. War insgesamt aber voll einfach hier reinzukommen, schließlich ist Tiffe dabei. Der kommt überall rein, der kommt sogar ohne Eintritt ins Kino. Der kann sich bewegen, als wäre er unsichtbar

oder flüssig oder zumindest rasend schnell. Trotzdem ging mir vorhin die Pumpe eins zu tausend – nicht nur wegen der Treppen hier rauf – und ich mach mich immer noch ein, weil ich andauernd denke, wir könnten entdeckt werden.

Das Ganze war natürlich Tiffes Idee: Heute Nacht Sony, Davidbaby? Ich wusste sofort, was er meint. Und jetzt sind wir hier, es ist dermaßen wahnsinnig! Der Bau ist praktisch fertig, untenrum wird schon verglast. Aber hier oben gibt es noch keine Wände, Bauzeug steht rum und von den Decken hängen dicke Kabelbündel. Man kann in alle Richtungen gucken. Der Tiergarten liegt unter uns wie eine schwarze Matte, die Goldelse leuchtet wie die Flamme aus einem Gasfeuerzeug, man hört den Verkehr brausen. Es ist, als würde die Stadt singen.

Jedenfalls hatte ich sofort die Idee, dir von hier zu schreiben. Also hab ich Briefpapier und alles eingepackt. Der erste Brief aus dem neuen Sony-Imperium ist also kein Milliardenauftrag für diesen neuen Walkman, den man sich in den Mund steckt und auf dem man dann rumkauen soll oder so, nein, der erste und wichtigste Brief aller Zeiten aus dem neuen Sony-Gebäude ist von mir an dich.

Wenn du mit mir auf die Stadt sehen könntest, Mona! Das Licht ist so anders als von Spandau aus, heller und fast golden. Über den Tag hat es geregnet, jetzt liegt auf allem ein hauchdünner Nebel. Der Alex hat seinen Kopf in den Wolken verloren und die Oberteile der Baukräne sehen aus wie von Streben zusammengehaltene, ganz schlanke Tänzer. Hast du das gesehen, vor zwei Jahren oder wann, als die Kräne sich nachts zu klassischer Musik bewegt haben? Das war so wunderschön.

Es ist unglaublich, ganz anders als tagsüber. Wenn ich runtergucke, ist natürlich alles strahlend hell, und trotzdem: Aus irgendeinem Grund wirken in dieser seltsamen Mischung aus Dunkelheit und Nebel und Halogenlicht die Baugruben plötzlich wirklich *tief* und die neuen Gebäude wirklich *hoch*. Gigantisch hoch. Was sie nicht sind. Richtige Wolkenkratzer zu bauen hat sich hier ja keiner getraut, die entstehen erst irgendwann am Alex. Ich kann es kaum abwarten. Da würden wir dann im Fernsehturm stehen, Mona, du und ich, und nicht mehr runtergucken auf die Stadt, sondern an ihr hoch, hoch, hoch.

Vielleicht wäre es ein bisschen wie in New York.
Tiffe sitzt zehn Meter weiter, dem ist kein bisschen schwindelig. Er lässt die Beine in die leere Luft baumeln und raucht dabei eine Kippe und wartet scheinbar nur darauf, dass einer von den Wachleuten hier aufkreuzt, damit er den Affen machen kann. Er fragt mich nicht: Wem schreibsten da? Er guckt nur ab und zu rüber und grinst. Er wartet einfach, bis ich mich sortiert habe und ihm dann alles berichte. Aber da muss er wohl noch eine Weile warten. Er würde fragen: Wie, du kennst die, aber ihr schreibt euch bloß, und irgendwie kennt ihr euch dann wieder nicht? Das wäre ihm zu hoch. Tiffe ist für Nägel mit Köpfen.

Vielleicht hast du dich ja schon gefragt, warum ich nie von anderen Freunden schreibe. Ist nicht so, dass ich keine hätte. Aber Tiffe ist der Einzige, dem ich blind vertraue. Warte mal, bis du ihn kennen lernst. An ihm ist was Besonderes – manchmal denke ich, er könnte ganz allein auf der Welt sein, nach einem Atomkrieg oder so, und er wäre dabei trotzdem einfach glücklich. Er kann an einem Fluss stehen und stundenlang aufs Wasser gucken und sich keinen Zentimeter dabei bewegen. An der Havel hat er das mal gemacht. Ich bin die ganze Zeit geschwommen und er hat die ganze Zeit aufs Wasser geguckt. Was er dabei denkt, habe ich ihn gefragt. Nichts, sagte er. Genau das sei die hohe Kunst.

Das ist Tiffe.

Gerade stell ich mir vor: Mona sitzt in Paris in einem Straßencafé und schreibt mir, genau jetzt, genau wie ich ihr schreibe, mitten in der Nacht. Bestimmt ist Paris ganz anders als Berlin. Ist es wirklich so romantisch dort? Ich kenne Paris nur aus Filmen: Breite Straßen und schöne alte Häuser an der Seine, alles im gelben Schummerlicht verschnörkelter Gaslaternen und immer ist diese Musik dabei, ein wehmütiges Akkordeon. Aber das ist wahrscheinlich genauso ein Klischee wie der Leierkasten für Berlin, oder? Spielt schließlich hier kein Schwein Leierkasten, außer ab und zu einer auf dem Ku'damm, du weißt schon: kleiner Affe auf der Schulter, rote Handschuhe und eine bunt karierte Jacke für die Touris.

Weißt du, was das Komische an der Nacht ist, Mona? Dass man ohne Ablenkung seine Gedanken durch die Dunkelheit streifen lassen kann. Vielleicht ist das so ähnlich wie dieses Nichtdenken von Tiffe. Es beruhigt mich. Es hat sogar eine eigene Wärme, auch wenn es im Moment ziemlich kalt ist – hier oben ist sogar der Wind anders als auf dem Boden, Mona. Es ist wie Träumen ohne Schlaf und ohne Angst.

Und noch etwas: Wohin ich auch in dieser Dunkelheit schaue, kann ich dich sehen. Als würdest du zur Nacht gehören, Mona, oder die Nacht zu dir, und beide zusammen seid ihr wie ein Geheimnis, das nur ich kenne, von dem nur ich weiß, dass es überhaupt existiert. Tagsüber ist alles stocknüchtern, dann treibt einem die Helligkeit alles Elend in die Augen, man kann seinen Blick ja nicht abwenden von allem, was um einen herum passiert. Aber nachts bist nur du und –

Muss jetzt wieder runter, Tiffe wird ungeduldig. Hoffentlich erwischt uns keiner.

Dein David

PS: Lassen deine Eltern dich einfach so, ohne dir Stress zu machen, nach Frankreich trampen?
PPS: Wer sind überhaupt Atilla und Konni?

1. Postkarte

Lieber David, heute trampen wir zurück. Mal sehen, was wir diesmal erleben. Mir fehlen deine Briefe und ich hoffe so sehr, dass du mich nicht vergessen hast. Oder vergessen willst.
Ich war sauer – es scheint schon so lange her zu sein. Die Erinnerung ist wie ein Nebel.

David, denkst du noch an mich? Forts. folgt auf d. 2. Karte.

2. Postkarte

Entschuldige, wenn ich dich verletzt habe. Du hast, ohne es zu wissen, meinen wunden Punkt getroffen. Heute fahren wir also zurück. Konni und Atilla sind in Ordnung. Ich habe mich am Montmartre malen lassen. Wenn du mich noch magst, schenke ich dir das Bild. Beim Stillsitzen habe ich an dich gedacht.
Echt abenteuerlich, unsere Reise. Später mehr. Bitte bitte schreib mir weiter. Ich beantworte auch deine Fragen.

Deine Mona

Gestern in Berlin angekommen

Juchu, David, du bist nicht mehr sauer!
Jipieh!

Sonntag, darf nicht raus heute, aber ich gehe trotzdem nachher Eis essen mit Nadja. Sollen die mich anbinden.

Als Erstes habe ich nach Post geguckt und zwei Umschläge auf meinem Bett gefunden. Hab sie mir geschnappt und bin abgezischt aufs Klo, dagegen kann keiner was sagen. Dass ich nach einer Reise mal muss. Dann Stress, boah, der ist voll ausgebrochen. Die haben sogar die Glotze ausgeschaltet.
Jetzt läuft sie wieder.

Erst kommt die Post für sie, dann erscheint Madame. Sagte der Freund meiner Mutter. Sie hat mich umarmt, dann geschimpft. Mein Bruder grinste, der grinst immer, wenn es Ärger gibt, je schlimmer, desto mehr. Wenn der mal auf 'ne Beerdigung müsste, der würde sich totlachen. Weil er nur noch mehr grinst, wenn er traurig ist.
Nadja hatte ich von unterwegs angerufen, jeden Tag, damit die nicht denkt, jetzt haut die große Schwester auch noch ab und lässt sie allein. Nadja braucht ihre King-Kong-Schwester.

Na ja, David, eben alle voll abgenervt: Kaum bist du unbeaufsichtigt, drehst du durch. Haust einfach ab. Dir hätte sonst was passieren können.
Die waren nie in Paris, meine Mutter wollte da mal hin, aber ihr Freund meint, das ist Geldverschwendung.
Sie ist dann ruhig gewesen, ihre Augen waren anders, gar nicht mehr böse. Weißt du, was ich glaube? Sie ist stolz auf mich, dass ich einfach abgehauen bin und mir nichts sagen lasse. Am ersten Tag nämlich habe ich angerufen, damit sie sich keine Sorgen macht und weiß, dass ich nicht allein bin, da hat ihr Freund im Hintergrund gekeift: Die soll sofort zurückkommen. Meine Mutter sagt: Hast du das gehört?
Ich so: Nein.
Sagt sie: Er meint …
Sage ich: Wenn er was will, soll er's mir selber sagen.
Fängt sie wieder an: Er möchte …
Sage ich: Mutti, ist mir egal. Mir geht's gut. Tschüs.
Und aufgelegt.
Jetzt wollten sie alles wissen, genau. Wo wir übernachtet, wen wir kennengelernt, was wir unternommen haben. Na, da hat's dann richtig gekracht. Trara, trara, trara. Bei fremden Leuten, mit fremden Leuten. Na ja und so weiter. Schöne Scheiße.
Aber ich habe Paris gesehen! An der Seine gesessen, vom Eiffelturm runtergeguckt und die Musiker vor dem Centre Pompidou gehört. Ein Afrikaner hat eine Banane an ein Absperrgitter gehängt, gesungen und mit Stöcken

Schlagzeug gespielt. Auf dem Metall und der Banane.
Oh, la banana.

Pladderregentag, 24. August

Mann, David, die Schule fängt wieder an. Und ich bin endlich diesen bescheuerten Lehrer los, der auf mein Zeugnis geschrieben hat: Mona blockiert ihre Aufmerksamkeit und Mitarbeit durch ihre eigenen Vorstellungen. Ihre Interessen gehen meist über das behandelte Thema hinaus.
Kannst du dir das vorstellen?
Diesen ganzen Mist hatte ich in den Ferien völlig vergessen.
Zum Glück standen keine Fehltage auf dem Zeugnis, das Klassenbuch war ja geklaut. Es liegt bei Claudi zu Hause im Regal. Vor den Ferien ist es auf geheimnisvolle Weise verschwunden, kurz bevor der Klassenlehrer die Fehlzeiten zusammenrechnen konnte. Und Tadel, Warnungen und so. Soll ja auch Lobe geben.

Ich bin hocherfreut und tiefgeehrt, werter liebster Herr David, den weltersten Brief aus dem halbrunden Hochhaus am Potsdamer Platz erhalten zu haben. Mit freiem Blick, ohne Verglasung, die den Himmel spiegelt.
Ich, Mona, und du, David, wir werden berühmt mit deinem Brief. Na ja, wenn es überhaupt jemand erfährt.

Seid ihr eigentlich weitergeklettert? Zu dem Sony-Bau gehört noch die Seite, die die Philharmonie anguckt, und ein Teil tanzt aus der Reihe. Da bauen sie das Gebäude schief. Nein, nur die Fassade. Die Betonpfeiler stehen schräg, als würde das Haus gleich zu den anderen Häusern sagen, ihr stinkt mir, ich gehe, und würde loslaufen. Das würde ich auch tun, wenn ich als Haus da auf den Platz gezwängt würde, zwischen all die langweiligen Kästen. Ist ja wie lebenslänglich Schule. Ich finde, das Schiefe ist das einzige neue Gebäude auf dem ganzen Platz, was nicht nach Schlips und Kragen und dicken Beamten aussieht. Gehen wir da mal rein, nachts? Fragst du mal deinen abenteuerlichen Huckleberry-Tiffe, ob er einen Weg für uns findet? Weißt du eigentlich, dass ich Skateboard fahren kann? Wär doch toll in so einer leeren Etage. Oder lieber nicht. Das ist so laut, da erwischen die uns gleich. Wäre ja schade.

Mittlerweile habe ich mich erholt von deinem wütenden Brief. Mir ist echt der Atem stehengeblieben, als ich den las. Du kannst ganz schön um dich hauen. Aber wenn ich über manche Sätze darin nachdenke, könnte ich gleich wieder hochgehen. Rumwüten. Sachen schmeißen. Was weiß ich. Nichts. Nichts mache ich. Ich möchte versuchen dir noch mehr zu erzählen. Es gibt ja nichts Besonderes, ist nur alles so nervig bei mir, da wird man vielleicht plemplem nach ein paar solchen Jahren. Vielleicht können wir ja auch über uns reden, ohne dass es eine Schlacht wird. Ohne fiese Geschosse. Ohne Tränen. Obwohl ich immer gleich weinen muss. Ja, ich weine auch. Bin nicht so ein hartes Stück. Von wegen Zigaretten auf dem Arm ausdrücken. Was denkst du denn? Das machen nur die, denen gar nichts mehr einfällt. Die nichts mit sich anzufangen wissen. Die ihren Körper nicht mehr spüren, so taub fühlen sie sich an.

Also David, jetzt bin ich nicht mehr sauer und du bist nicht mehr sauer. Und ich denke dauernd nur an dich ...

Natürlich erzähle ich dir von Paris. Ich möchte dich auch gern sehen und dir das Bild geben. Es ist wirklich nur für dich (falls es dir gefällt).

Noch einmal sage ich was zu dem Alter, David. Sonst ist es immer umgekehrt. Gut, die Mädchen wollen ältere Jungs. Aber wir beide, wir verstehen uns doch. Warum machst du dir Sorgen?
Dass ich mehr Erfahrungen habe, schon mit jemandem geschlafen haben könnte? Ja, das habe ich.
Aber du hast deine Erfahrungen – warum bist du nicht so verklemmt und gackerig und denkst nicht nur an Computerspiele, Fußball oder Formel-1-Rennen oder das Auto, das du mal fahren möchtest, und das viele Geld, das du mal haben möchtest? So wie die meisten anderen Jungen in deinem Alter (und in meinem).

Ich bin jedenfalls froh, wieder in Berlin zu sein, in meinem Zimmer, mit meiner Musik, Björk. Die finde ich supertoll.

Es ist auch schön, in deiner Nähe zu sein.

Sehen wir uns bald wieder? Auf dem Funkturm, der Goldelse, was für Türme gibt es noch? Oder wir treffen uns auf der Eisbahn an der Landsberger, da kann man im Sommer eislaufen. Ach nee, nicht mit dem Bild. Es ist zu groß. Ich würde am liebsten mit dir im Gras sitzen. An der Spree in Treptow auf der Insel vielleicht? Wenn es nicht schifft und nicht so ein Sturm ist. Heute habe ich einen dicken Ast durch die Luft fliegen sehen und ich dachte dauernd, gleich knallt dir ein Blumentopf auf die Birne.

Im nächsten Brief schreibe ich mehr, das verspreche ich dir.
Bloß jetzt muss ich schnell in die U-Bahn und zum Arzt.

Deine Mona

PS:
David, in der U-Bahn habe ich das Buch ausgelesen. Genau geschafft bis eine Station vor zu Hause. Hätte am

liebsten ein paar Tränen vergossen am Ende, weil es so schön war. Ich verrate es dir nicht, na ja, jetzt kannst du's dir denken, sie haben sich gekriegt. Weil ich nicht genüsslich schluchzen konnte, so mitten im Berufsverkehr, habe ich es mir verdrückt und hatte am ganzen Körper Gänsehaut. Warm, und ist die Beine hoch – und runtergekribbelt. War das wohlig. Ein Mann, Witwer mit drei kleinen Kindern, liebt eine Frau, die zwölf Jahre jünger ist, das spielt vor 150 Jahren in Frankreich, von George Sand ist das Buch, Teufelsmoor heißt es. Na ja, die junge Frau will ihn nicht, weil er auf dem Weg zu einer reichen ist, die die Eltern für ihn ausgesucht haben. Er sagt ihr immer wieder, ich bin gar nicht so alt, ich sehe gut aus, habe noch alle Haare und keinen Zahn verloren, nimm mich doch. Sie sagt Nein, weil sie weiß, dass seine Eltern lieber eine reiche Frau hätten. Ich erzähle dir jetzt nicht die ganze Geschichte, das klingt so banal wie in einem Film, bei dem man gleich weiß, was abläuft. Aber stell dir vor, ich hatte schon im Ende rumgeschmult und hab trotzdem nicht gewusst, wer ihn kriegt. Total spannend. Es ist alte Sprache und damals hat man noch statt sprechen auf Französisch gesagt: Ich singe. Ich singe dir eine Geschichte. Mir hat so gefallen, wie sie alles genau besprochen haben. Wie es zusammen sein kann, wie sie es sich vorstellen, wie sie es sich wünschen. So richtig ohne hetzen und dass man sich immer mehr und mehr auf den anderen freuen kann. »Weißt du, was ich gerade denke? Wenn du dich umdrehen würdest, um mich

anzusehen mit Augen, wie ich sie für dich habe, und du dein Gesicht meinem nähern würdest, ich glaube, dass ich dann vor Freude tot umfallen würde.« Das sagt er zu ihr. Und dann tut sie es. Natürlich fällt er nicht um. Da sind ja ihre Arme.
Tschüs, lieber David, ich lese es gleich noch mal, mit Taschentuch.

25. Augustoktobersturmtag

Mona,

ich komm vor fast zwei Stunden aus der Schule und krieg den Infarkt, weil ich deinen Brief finde. Dann ruf ich bei dir an, aber du bist nicht zu Hause. Mann, ging mir die Pumpe! War wohl dein Vater am Telefon. Der klang ganz nett mit seiner tiefen Stimme – ich weiß, du hast ja gesagt, er ist es eigentlich nicht, aber er klang eben so. Ob er dir ausrichtet, dass ich angerufen habe? Ihn zu fragen, warum du zum Arzt musstest, hab ich mich nicht getraut. Warum musstest du zum Arzt?

Dann hab ich's nicht mehr ausgehalten, anrufen wollte ich nicht noch einmal und warten erst recht nicht. Deshalb sitz ich jetzt hier. Warst du schon mal in diesem Kneipencafé, von dem aus man bequem deine Haustür beobachten kann? Ein älterer Typ liest Zeitung und raucht dabei Pfeife. Oder umgekehrt. Es riecht nach Vanille. Ich trinke heiße Schokolade mit Sahne. Schokolade ist ja gut für die Nerven.

Ich wollte dich wiedersehen – ausnahmsweise mal auf keinem Turm, sondern auf dem Boden – und wieder ist mir fast das Herz explodiert, als ich eben bei euch geklingelt habe, und wieder bist du nicht zu Hause. Immerhin auch nicht beim Arzt. Sagte mir dein Bruder, und so hab ich den jetzt wenigstens auch kennengelernt. Nadja leider nicht. Ich hatte schon überlegt, ob sie dir ähnlich sieht, ob sie genauso hübsch ist. Florian sieht übrigens nicht besonders nett aus, finde ich, also hab ich den auch nicht gefragt, was du hast. Hoffentlich nichts Schlimmes?

Jedenfalls, eben bin ich extra in diesen kleinen Laden ein paar Häuser weiter rechts von deinem gegangen, um Papier und einen Umschlag für diesen Brief zu kaufen. Ganz schön was los in eurer Straße. Mittendrin im Gewühl, Autos, dieser begrünte Mittelstreifen, die hohen Bäume, jede Menge Leute unterwegs. Das finde ich klasse. Bei uns draußen ist es viel ruhiger. Wenn die Elslohe nicht ab und zu aus dem Fenster plärren würde, wäre es echt langweilig. Meine Mutter sagt immer, wenn alle alten Leute so wären wie die, das müsste man sich mal vorstellen!
Mir tut die Elslohe leid, weil sie so allein ist. Komisch, dass sie zum Fenster rausschreit, aber sonst nicht viel redet – mal abgesehen von den paar Tagen, als der Lift kaputt war, aber das ist jetzt auch vorbei. Manchmal hole ich ihr Kohlen rauf – und *das* muss man sich mal vorstellen, dass die schon seit immer und ewig keine Heizung eingebaut haben will! Vielleicht hat sie Angst vor dem Gas. Neulich, als in der Lepsiusstraße dieses Haus hochgegangen ist bei der Gasexplosion, da sind Tiffe und ich spätabends hin, um uns das anzugucken. So was hab ich noch nie gesehen, so viele Trümmer. Unheimlich war das im Scheinwerferlicht. So ungefähr muss es überall in Berlin nach dem Krieg gewesen sein. Du warst ja in Frankreich, da stand das sicher nicht in der Zeitung. Aber hier war es voll das Ding, auf B1 und tvB kam kaum was anderes, weil die Rettungsleute ewig nach Überlebenden gesucht

haben. Vergeblich, denn es waren dann schließlich sieben Tote, darunter auch der Hund von Sven. Eigentlich drehte sich nämlich alles um diesen Sven.

Seine Eltern waren auch im Fernsehen. Haben geweint, sich aneinandergeklammert und alles, die taten mir so leid. Danach hab ich in der Zeitung gelesen, dass sie sich eigentlich gerade scheiden lassen. Klasse, dachte ich. Die waren wohl so mit ihrem eigenen Krempel beschäftigt, dass sie nicht mitgekriegt haben, wie ihr Sohn durchgedreht ist. Anscheinend ist nämlich seinetwegen das Haus hochgegangen. Er hat an der Leitung rumgefummelt, an irgendeinem Ventil oder so. Tiffe meinte, davon hätte der mal besser die Finger gelassen, weil er keine Ahnung hatte.

Ich hab dann also ständig an diesen Sven gedacht. Der wurde erst mal lange nicht beerdigt, weil sie ihn noch obduzieren mussten. Da wird ein Schnitt in den Brustkorb gemacht, der aussieht wie ein großes Y. Alle Organe werden rausgenommen und gewogen. Hast du das gewusst?

Ich hab gedacht, dass Sven sich garantiert oft vorgestellt hat, wie das ist, wenn er tot ist. Kennst du das? Ich hab Tiffe gefragt, der hat sich das auch schon vorgestellt und ich auch: Liegst da im Sarg in dieser Grube in deinem echt hässlichen Konfirmationsanzug, und über dir sind alle voll am Heulen und werfen massenweise Blumen auf dich drauf und du denkst, das habt ihr jetzt davon, ihr und eure Scheißblumen, das habt ihr davon, jetzt passt keiner mehr auf den armen Pitie auf.

Dieser Sven war dreizehn.

Gerade geht der Pfeifentyp. Ziemlich zerballerte Schuhe. Meine Oma sagt immer, die Fingernägel müssen gepflegt sein und die Schuhe geputzt und ordentlich gebunden.

Mona, die ganze Zeit, in der Schule schon und dann vorhin im Bus und in der U-Bahn auf dem Weg hierher, hab ich mir vorgestellt, wie wir uns wiedersehen. Es ist so komisch, ich kann das nicht gut schreiben. Sind wir jetzt wirklich verliebt? Kann man sich verlieben, nur über Briefe und nur weil man ein Mal gemeinsam auf dem Fernsehturm am Alex gestanden hat?
Kann man doch, oder nicht?

Liebe ist nicht schrecklich. Schrecklich ist nur, wenn sie nicht erwidert wird. Aber dann ist es ja schon keine richtige Liebe mehr, schließlich gehören zur Liebe mindestens zwei. Jemanden lieben, ohne dass was von ihm zurückkommt, ist bloß Sehnsucht. Ist natürlich nicht auf meinem Mist gewachsen, der Satz, sondern auf dem von meiner Mutter. Und ich hab ihn auch nur heimlich mitgehört, vom Flur aus, als sie und mein Vater irgendwann im Schlafzimmer miteinander geredet haben. Die Tür stand einen Spalt offen.

Wenn wir uns wiedersehen, Mona, müsste ich ja wohl was zu der Sache mit deinem Vater sagen. Ich finde das gar nicht so schlimm – ich meine, dass du ihn nicht deinen Vater nennst. Eigentlich ist es sogar eine hervorragende

Idee. Sollte ich vielleicht auch mal einführen, für meinen Vater. Für meine Mutter am besten gleich mit. Wobei, dann würde es schwierig. Der Freund meiner Mutter ginge ja, die Freundin meines Vaters auch, aber beide zusammen wären sie dann der Freund von der Freundin oder umgekehrt.
Mona, denk nicht, ich würde das nicht ernst nehmen. Ich kann nur gar nicht so viel dazu sagen, weil ich eben einfach finde, dass du Recht hast.

Was für ein Sturmtag! Draußen rauscht es kräftig durch die Blätter in den Bäumen, wie im Herbst, dabei sind die alle noch ganz grün. Papierchen wirbeln rum, alle Leute gehen schräg, sie stemmen sich gegen den Wind und der Nieselregen macht sie alle seltsam grau. Ich mag das, wenn es stürmt. Regen kann ich auch gut leiden, das versteht niemand so richtig. Ich eigentlich auch nicht. Im Regen fühl ich mich lebendig, eben wie ein Fisch im Wasser. Gestern ist vor lauter Sturm die Feuerwehr dauernd ausgerückt, ich weiß überhaupt nicht, warum hier in Berlin immer die Keller volllaufen. Manchmal regnet es ja in Kreuzberg und bei uns in Spandau ist alles trocken. Unglaublich, wie groß die Stadt ist. Kannst du dir vorstellen, dass die Elslohe niemals in ihrem Leben aus Berlin draußen war? Hat sie mir mal erzählt.

Glaubst du, wenn du jetzt nach Hause kämst, dass du irgendwie merken würdest, wie ich hier in dem Café sitze und dauernd aus dem Fenster zu deinem Haus rübergucke? Geht dein Zimmer zur Straße raus? Vielleicht ist es das mit dieser roten Plastikblume hinter dem Fenster.

Kann kaum schreiben, weil ich Angst habe, ich könnte dich verpassen. Dass du vorbeiwehen könntest oder so.

Und dauernd überlege ich, warum ich dich so wunderbar fantastisch finde. Ich meine, du siehst klasse aus, das ist ja klar. Erst mal findet man jemanden toll, einfach weil er klasse aussieht, oder? Aber man kann ja toll aussehen ohne was dahinter. Manche Models sind so. Wenn man die in einer Talkshow mitkriegt, reden sie nur kompletten Müll, Hauptsache, die Frisur stimmt.

Vielleicht hab ich das ja irgendwie gemerkt, dass du anders bist: so wie der Sturm. Oder dass du gern mit Sachen schmeißt. Manchmal wünsche ich mir, ich könnte das – richtig hochgehen. Kann ich aber nicht. Wenn ich sauer bin, dann ist das wie Flammen, die nach innen brennen. Dann brauch ich viel Ruhe.

Mona, ich würde noch länger hier sitzen bleiben und auf dich warten und alles Mögliche schreiben. An das Schreiben hab ich mich inzwischen richtig gewöhnt, hab es sogar vermisst, als du in den Ferien warst, aber da war ja sowieso alles schrecklich. Komisch, oder? Aber ich hab gleich Pitie wieder am Hals. Wer weiß, was meine Oma mit ihm anstellt, wenn ich ihn nicht rechtzeitig bei ihr abhole. Die ist dermaßen daneben in letzter Zeit! Also Essig mit noch lange hier sitzen. Den Kakao hab ich schon längst ausgetrunken.

Bitte, Mona, rufst du mich an? Jetzt müssen wir uns ja sehen, schließlich hast du mir das Bild von dir versprochen, das aus Paris vom Montmartre. Da steht auch diese schöne Kirche, die aussieht wie so ein Tempel aus Indien, stimmt's? Sacré-Cœur, das heilige Herz. Hab ich in der Bücherei im Lexikon nachgeschlagen. Ich freu mich dermaßen auf dich.

Ich gehe jetzt rüber und geb deinem Bruder den Brief. Der macht ihn doch nicht auf, oder? Der fummelt doch auch nicht an irgendwelchen Ventilen rum?

Komm doch endlich. Bitte. Ich hab solche Sehnsucht.

David

25. August, Herbsttag,
dabei habe ich noch lange nicht genug vom Sommer

David, du warst hier und ich nicht da.
Ich wär aus meinen Schuhen gekippt vor Schreck, wenn
du plötzlich vor mir gestanden hättest. Und dann wär
ich vor Freude in die Luft gesprungen.

Oh, mach dir bloß keine Sorgen. Wie kannst du so eine
Angst kriegen? Das zieht mir richtig im Herzen, dass du
dir Sorgen um mich gemacht hast.
Mir geht es gut, ich bin nicht krank, ich wollte mich nur
mal untersuchen lassen. Ich war bei einer, also weißt du,
es ist gar nicht einfach, mit einem Jungen über so was zu
reden …
Ich war bei einer Frauenärztin. Wollte mal was fragen.
Dauernd kommt jemand rein und will was. Mein Bruder
besonders, der will was. Nämlich wissen, wer du bist,
was in deinem Brief steht, weißt du, was der jetzt tun wird?
Der wird meinen Schreibtisch durchsuchen, sobald er
mich mal vom Fenster aus in der U-Bahn verschwinden
sieht und sonst niemand zu Hause ist. Dann wird er deine
Briefe lesen, der ist so neugierig, das ist eine unheilbare
Krankheit bei ihm. Und weißt du noch was?
Ich glaube, alle machen das hier. Sobald Florian oder
Nadja, meine Mutter oder ihr Freund nur eine Stunde
lang sicher sind, dass keiner kommt, wühlen und schnüf-

feln sie in den Sachen der anderen rum. Und weißt du, was das Schlimmste ist?
Ich mache das auch. Und es macht Sauspaß. Natürlich aber bin ich stinksauer, wenn ich merke, dass jemand was von mir auch nur berührt hat. Aber ich versichere dir, ich habe noch nie im Tagebuch meiner Schwester gelesen. Auch nicht, wenn es aufgeschlagen rumlag. Höchstens die offenen Seiten. Ich habe nicht umgeblättert, es nicht mal angefasst. Wenn ich das täte, könnte ich mich selbst nicht mehr leiden.
Aber eigentlich war das mit der Ärztin doch ein bisschen anders. Es gab ja hier Krach und meine Mutter hat mir dann einen Termin besorgt, weil ihr Kerl es von ihr verlangt hat.
Natürlich habe ich auch Bravo gelesen und den Kram, aber es war ganz toll, die Ärztin hat mir alles über Verhütung erklärt, also, was es gibt, und ich konnte noch mal fragen, wenn ich was nicht kapiert habe.
Jetzt bin ich aufgeklärt. Na, so richtig, meine ich. Meine Mutter hat mir schon Fragen beantwortet, aber viel habe ich sie nie gefragt, damit sie nicht gleich denkt, ich mach wer weiß wie rum.
Tja. So ist das eben.

Der Freund meiner Mutter *hat* eine nette Stimme. Immer wenn er mit fremden Leuten spricht. Der kann so freundlich sein, wenn ich das sehe, bin ich völlig fassungslos. Dass er sich überhaupt ruhig unterhalten kann.

Weißt du, früher, als ich klein war, hat er mich einmal
auf den Arm genommen. Da ging ich schon zur Schule
und war sicher ziemlich schwer. Ich habe mich wohl-
gefühlt dabei. Er hat nämlich ganz schön große
Arme.
Ich sehe es noch genau vor mir, weil er nur ein einziges
Mal so lieb war. Aber das Bild ist verschwommen und
ich starre darauf und habe das Gefühl, es ist nicht wirklich
geschehen, es ist nur ein Stück Lüge oder Film. Damals
war er mir schon unheimlich, weil er nie gelacht hat.
Umso schöner war es natürlich, ihn mal lieb zu sehen.
Merkwürdig.

Als du auf unser Haus gestarrt hast, war ich mal wieder bei
meiner Freundin Claudia. Ich hätte dich gleich mitge-
schleppt. Wir haben nämlich Eierkuchen mit Bedingung
gemacht. Die Bedingung war: Sie durften nur in der
Luft gewendet werden. Egal wie.
Das Schärfste ist: Claudi lebt in einer Wohnung, in der sie
und ihre Schwester ihre eigene Küche haben. Es ist eine
riesige Wohnung, zehn Zimmer, und ein Bereich ist da
mit zwei Zimmern und Küche, da wohnen Claudi und
ihre Schwester drin. Gleich an der Wohnungstür. Das
ist praktisch. Wir schleichen nachts rein und keiner
fragt, wo kommst du denn jetzt her. Die richtige Küche
und das Wohnzimmer sind ganz weit weg über einen
ewig langen Flur, da hören ihre Eltern uns nicht.
Können auch nicht rufen und sagen, tu mal dies, mach

mal das, denn die müssten extra kommen, dazu haben die keine Lust. Na ja, jedenfalls die zweite Bedingung: Auch wenn der Eierkuchen an der Wand geklebt hat, essen wir ihn. Einen habe ich hochgeworfen, der ist geflogen, ganz woandershin, nämlich hinter mich, und weißt du was? Ich hab ihn noch kurz vor dem Boden erwischt. Einen habe ich gegen den Herddeckel geschleudert, der hing dann schlapp rüber und Claudi hat ihn gepflückt. Wir werden langsam besser, wir haben schon öfter geübt. Es kommt ja keiner meckern, das ist so abgefahren. Wir machen sogar hinterher sauber.
Du hättest mitgehen können und eines Tages wende ich dir die Eierkuchen in der Luft. Die nächste Übung ist, sie aus der Pfanne hochzuwerfen und mit dem Teller aufzufangen. Haben wir bisher nicht geprobt.

Es stand in Frankreich in der Zeitung, das mit der Gasexplosion. Ich verstehe einigermaßen Französisch. Bin mit Ati und Konni in der Franz-AG. Verstehe genug für kleine Meldungen bei »Aus aller Welt« oder »Vermischtes« oder so was. Bisschen Schiss hatte ich, dass es voll schrecklich sein könnte und mitten in Kreuzberg, wo ich zig Leute kenne. Vielleicht lassen sich die Eltern von diesem Sven jetzt nicht scheiden. Jetzt haben sie ja wieder was gemeinsam.
Mensch, echt tot sein, nee, ich stell mir immer vor, wie sie alle heulen und denken, hätten wir uns mal bloß besser

benommen, jetzt müssen wir ein schlechtes Gewissen haben, und ich wache dann auf und sage, falscher Alarm, jetzt könnt ihr euer Bestes geben. Denn schließlich kann man ja jeden Augenblick wirklich tot sein.

Weißt du was? Mit 15 hätte ich mich nie allein in ein Café gesetzt. So erwachsen ist man dann auch nicht. Jetzt gehe ich auch nicht allein ins Café und ich war noch nie da drin, in dem Schuppen da drüben, den ich von meinem Fenster aus sehe. Erst mal wegen Geld und dann allein da hocken als einzige Jugendliche, nee, nichts für mich. Weißt du was? Es ist tatsächlich das Fenster mit der roten Plastikblume. Die habe ich auf der Straße gefunden und konnt sie nicht liegen lassen. Dann wusste ich nicht wohin damit und nun hat die Rose dir mein Fenster gezeigt.
Verliebt, verguckt, verlaufen? Keine Ahnung. Ich bin immer ganz zittrig vor Aufregung, wenn ich den Briefkasten leere. Das Allergeilste nämlich ist, dass ich seit neuestem die Einzige bin, die einen Briefkastenschlüssel hat. Habe ich dir das schon gesagt?
Kein blauer Brief mehr ohne meine Kontrolle. Einen Tadel wegen zu häufiger Verspätung habe ich schon einkassiert. Und keiner aus meiner Familie fasst deine Briefe an. Außer vielleicht beim Rumschnüffeln.
So, und jetzt klebe ich den Brief zu, damit ich nachher nicht alles wieder ändere. Denn jetzt rufe ich bei dir an. Und frage dich, ob wir uns morgen am Anhalter Bahnhof

treffen. Da steht ein gruseliger alter Bunker, in den man reingehen kann. Das würde ich gern mit dir machen. Mal sehen, ob du mitwillst. Und jetzt sage ich dir was, was ich dir am Telefon gleich nicht sagen werde: Ich bin in dich verliebt, weil du so wunderschöne Briefe schreibst, nicht nur Wetter und so, sondern wie du dich fühlst. Was du denkst. Erzählst du mir auch noch, was du sonst so machst? Wie es in der Schule ist?
Wieso können deine Eltern miteinander reden, wenn ihnen aneinander was nicht passt?

Ich rufe wirklich an. Fest vorgenommen.

Mona

26.8.

Bonjour David,

rate mal, wo ich schreibe. In der Schule in Erdkunde. Die Ziege hat mich heute gefragt, was ich überhaupt auf dieser Schule zu suchen habe? Das hat sie ins Klassenbuch gekrickelt.

Jetzt kommt der Bericht:
Von Schwäbisch Gmünd nach Paris, das war eine merkwürdige Tour. Ich musste mich hinstellen, auf der Straße hielt ich den Daumen raus. Atilla hat schwarze Haare, wenn den jemand gesehen hätte, wären wir nie mitgenommen worden. Konni stand ein bisschen abseits neben mir, gerade so, dass keiner anhält, weil er glaubt, da ist eine Frau allein unterwegs. Konni sieht so ordentlich aus, wie ein Oberschüler eben. Noch ohne Bart, mit weichen Locken, keine langen Haare, Brille. Wie man sich einen braven Sohn wünscht. Allein trampen, na ja, das gehört schon zu den größeren Mutproben. Ein Mädchen aus meiner Klasse ist von einem Lastwagenfahrer vergewaltigt worden. Erst hat er sie mitgenommen bis fast nach Berlin und kurz vorher hat er sich über sie hergemacht. Irgendwie wissen es jetzt alle in der Klasse, ich weiß nicht, wer es weitergequatscht hat. Aber es war unheimlich, sie ist ein anderer Mensch nach den Ferien. Ihr Gesicht zugeklappt,

manchmal schmule ich rüber, sie sitzt nur da und ihre Augen starren so rum. Manchmal schläft sie fast ein, sie hört überhaupt nicht zu, was vorne abgeht.

Na ja, ich war ja nicht allein, hatte Atilla und Konni. Eine Frau hielt für mich und plötzlich standen wir drei da und wollten mit, sie war voll in Ordnung, sie hat uns bis Straßburg mitgenommen. Das war schon die halbe

Musste unterbrechen. Die Olle kam plötzlich auf mich zu, aber mein Erdkundeblatt war schneller über dem Brief als sie bei mir. Dann habe ich ein bisschen mitgearbeitet, über die sich ausbreitenden Wüsten auf der Erde.
Jetzt ist Deutsch dran, die Lehrerin hat jeden Tag einen anderen Hut. Sie kommt tatsächlich mit Hut in die Klasse. Wir haben es bisher nicht geschafft, alle Hüte zu zählen.

Von Straßburg über die Landstraße mit einem Typen im Citroën, der 180 gefahren ist, ich sag dir, ich hatte nur Angst. Als ich den sah, habe ich gleich Atilla nach vorn geschickt. Mir klopfte das Herz bei jeder Kurve und fast stehengeblieben ist es mir, wenn ich vor uns einen Traktor sah.
Das letzte Stück bis Paris, da war es schon längst Nacht, nahm uns ein Familienvater mit. Der fuhr vernünftig. Wir waren so fertig, kaum saßen wir in seiner Karre,

haben wir alle drei schon gepennt. Dann früh um zwei in Paris fragt er, wo wollt ihr hin? Wir wussten es nicht. Irgendwo. An der Straße. Am Bahnhof. Dann gleich weitergeratzt. Der wusste nicht, wie er uns loswerden sollte. Plötzlich hielt das Auto, ich mache die Augen auf, wir stehen vor einem Meer von Hochhäusern. Wir steigen alle aus, er nimmt uns mit nach Hause. Stell dir vor, weckt seinen Clan und gibt uns Betten. Ich legte mich zu seiner Tochter, Atilla zu seinem Sohn, Konni im Schlafsack lag auf dem Boden, Ati zu Füßen. Die Tochter hat kein bisschen gemeckert, ist einfach zur Seite gerückt und hat weitergeschlafen, mit einer Fremden neben sich. Schon ein bisschen komisch, in ein warmes Bett zu steigen unter eine Decke, unter der schon jemand liegt. Und am nächsten Morgen haben sie uns sogar noch Frühstück gemacht. Kakao aus großen runden Tassen wie Suppenschüsseln so groß, dazu Baguette mit Butter und Marmelade, einfach auf dem Tisch, ohne Teller. Voll mit Krümeln war die Decke und keiner fand was dabei. So was Supernettes. Kannst du dir das vorstellen?
Dann –

Stunde zu Ende! Später mehr. Pause. Schnell runter in die Cafeteria, bevor tausend in der Schlange stehen.

Hab 'ne Briefmarke in meiner Federtasche entdeckt. Schicke das jetzt einfach mal ab. Auch wenn wir uns heute treffen. Juchu!!!
Tschüüs.

Mona

Wie findest du den Briefumschlag?
Original Erdkunde-Arbeitsbogen!

heute, vor unserem Treffen
14.07 Uhr

Mona,

gestern Abend rufst du mich an.
Heute kriege ich deinen Brief.
In zwei Stunden treffen wir uns am Anhalter Bahnhof.

Ist das nicht komisch, dass womöglich die Welt bald absäuft vor lauter Sturmfluten in China und Hurricanes in den USA? Und wie einem das völlig egal ist? Draußen scheint die Sonne und es ist windig und gleichzeitig regnet es, so quer runter und alles glitzert. Ich hab ohne Ende gute Laune. Weiß nicht, wie ich die Warterei aushalten soll, deshalb schreibe ich diesen Brief. Dauernd stell ich mir eine Sanduhr vor, in die für zwei Stunden Sand abgefüllt ist. Der rieselt da viel zu langsam durch. Jedes Sandkorn ist eine Schlaftablette oder ein polternder Backstein. Ich dreh noch durch!

14.12 Uhr

Meine Oma dreht übrigens auch durch, glaube ich. Das muss ich zuerst loswerden, weil ich sogar heute in der Schule noch darüber nachgedacht habe. Gestern komm ich nämlich bei ihr an und ich freu mich auch irgendwie schon auf Pities kleines Lachen und alles. Erst muss ich ewig klingeln und dann steht sie im Flur. Der ist voll düster, deshalb merk ich erst gar nicht, dass sie ihr Nachthemd anhat und dass ihre Haare nicht frisiert sind. Was schon schräg genug ist, weil sie doch immer so aufpasst, dass bloß alles stimmt, mit Umgangsformen und so. Und dann jedenfalls – nennt sie mich Horst! Kannst du dir das vorstellen? Mein Vater heißt Horst. Ich also zu ihr, nee, ich bin's doch, Oma, der David. Und sie wieder zu mir, Horst? Dann frag ich sie, ob sie Grippe hat oder was, wegen des Nachthemds. Guckt sie an sich runter und runzelt die Stirn und zieht einfach ab, Richtung Schlafzimmer. War voll unheimlich. Pitie war vollgeschissen, sie hat ihn nicht sauber gemacht, das musste ich dann noch alarmmäßig erledigen. Und die ganze Zeit kommt sie nicht wieder aus dem Schlafzimmer raus, aber ich höre sie rumoren. Guck also rein, da sitzt sie auf dem Bett und hält in einer Hand einen Schuh. Einfach so. Bin dann gegangen. Sie war die ganze letzte Zeit schon seltsam drauf, meint mein Vater. Er würde bald mal nach ihr sehen.

14.23 Uhr

Jetzt aber zu deinem Anruf. Es tut mir leid, dass ich so haspelig war am Telefon und nicht richtig reden konnte. Meine Mutter hat nämlich riesige Ohren gemacht, nachdem sie mich an den Apparat geholt hatte. Für dich, David – ein Mädchen! Und voll der lauernde Blick. Wahrscheinlich dachte sie: Endlich! Ich könnte meinen Hintern verwetten, dass sie langsam die Panik gekriegt hat, ich könnte schwul sein. Tiffe hat das nämlich mal gesagt, dass Eltern durchdrehen, wenn du nicht mit spätestens vierzehn deine erste Freundin anbringst, dann denken sie eben, du wärst schwul. Einmal hab ich meine Mutter damit verarscht und hab mir eine von Laras Puppen ins Bett gelegt. Wollte nur mal sehen, wie sie reagiert, wenn sie es merkt. Und sie *muss* es gemerkt haben, denn als ich aus der Schule kam, lag die Puppe wieder bei Lara und Pitie im Zimmer. Kam aber nichts, kein Wort. War vielleicht auch ein bisschen gemein.

Egal, jedenfalls hab ich voll die Krise gekriegt, weil sie einfach nicht verschwinden wollte, als du am Telefon warst. Blieb einfach da stehen im Türrahmen, zupfte wie beiläufig an ihrer Bluse rum und die Schnur vom Telefon ist so kurz! Allzu viel Sinnvolles konnte ich also nicht von mir geben, ich war ja sowieso überlastet, weil ich deine Stimme hörte und meine Knie schon völlig weich waren. Deshalb konnte ich dich auch nur blöd fragen, ob du nicht von deinen Ferien in Frankreich erzählen willst, und du merkst nichts und sagst nur: Schreib ich dir.

14.37 Uhr

Backsteine,
Backsteine,
Backsteine …

14.39 Uhr

Dann der Brief. Hattest ja schon am Telefon gesagt, dass du dadrin erklären würdest, warum du beim Arzt warst. Ich kann dazu nichts schreiben, ich bin zu eifersüchtig. Ich kann nicht mal richtig darüber nachdenken, so scheiße finde ich das. Und geh jetzt deshalb bloß nicht gleich wieder die Wand rauf, okay? Darüber reden wir. Okay?

14.40 Uhr

Komisch, das mit deinem Vater und deiner Mutter. Warum haben die nicht einfach wieder geheiratet? Oder andersrum: Warum trennen sie sich nicht ganz, wenn sie es ja doch nicht auf die Reihe kriegen, richtig miteinander zu leben? Die müssen doch merken, dass das für deine Geschwister und dich beschissen ist. Ist mir zu hoch.

Als meine Eltern sich vor zwei Jahren scheiden lassen wollten, hat ihnen ein Bekannter gesagt, sie sollten erst mal in eine Therapie gehen, bevor sie alles aufgeben. Damit sie lernen, wie man miteinander redet. Haben sie dann auch getan. Seitdem machen sie eigentlich nichts anderes mehr, finde ich. Reden und reden und reden, als hätte einer den Stöpsel aus der Wanne gezogen, reden über jeden Scheiß, das Wetter und die Modefarben der Saison. Bloß nicht schweigen – außer vor dem Fernseher natürlich, da herrscht dann heilige Ruhe.

Selbst wenn sie streiten, ist es Gerede, kein Geschrei.
Manchmal wünschte ich mir, sie würden sich wieder
anbrüllen, wie früher. Oder einfach mal gar nichts reden.
Das Seltsame ist, dass man nämlich trotzdem merkt,
wenn sie sauer aufeinander sind. Lara zieht dann immer
die Schultern hoch. Pitie ist ja noch so klein, aber der
merkt es irgendwie auch und wird quengelig und manchmal heult er einfach los.

14.52 Uhr

Wir könnten ins Kino gehen, nachdem wir in diesem Bunker waren, hm? Tiffe war am Wochenende in *Lola rennt*.
Fand er megacool. Der redet von nichts anderem mehr als
von diesem Film, dass er ihn sich noch mindestens zwei-
mal angucken will, einmal davon mit mir. Hast du Lust?

Du bist das seltsamste Mädchen. Keiner, den ich kenne,
würde sich für ein Rendezvouz (schreibt man das so?) in
einem Bunker verabreden. Ich stell mir vor, wie kalt es ist
dadrinnen und die Luft ganz klamm. In deinen Haaren
verfangen sich Spinnweben. Wenn du lachst, hallt es von
den gewölbten Wänden zurück. Wir hören unsere Schritte
doppelt und dreifach, wir halten uns an den Händen.
Unser Atem klingt ganz laut, er jagt kleine dampfende
Wolken vor uns her. Es ist dunkel, wir wissen nicht, wo
der Bunker endet, vor uns ist das Nichts, wir können
gehen, wohin wir wollen, alles offen.

Vorsichtshalber nehm ich eine Taschenlampe mit.

14.59 Uhr

Scheißbacksteine! Mein Vater sagt, ich krieg neue Turnschuhe. Eben binde ich meine alten Treter zu und ich finde, ich brauche wirklich dringend ein Paar neue.

Hoffentlich passt die Elslohe ordentlich auf Pitie auf. Die hat vielleicht geguckt, als ich sie darum gebeten habe. Ich krieg tierischen Ärger, wenn ich wieder nach Hause komme, aber das ist mir egal.

Lara ist beim Flöten-Unterricht, auf Pitie aufpassen lassen würde ich sie sowieso nicht. Man darf ja nicht vergessen, dass sie noch ein Kind ist. Womöglich würde sie ihn in den Kühlschrank setzen oder so was.

15.03 Uhr

Gleich mach ich mich auf den Weg. Hoffentlich ist keine U-Bahn wegen eines Selbstmörders entgleist, hoffentlich trete ich nicht in Hundekacke, hoffentlich stürzt der Himmel nicht ein.

Diesen Brief schicke ich dir nicht, sondern ich nehme ihn mit. Zum Anhalter Bahnhof. Dort sag ich dir, dass du ihn sofort lesen musst, noch vor dem Abstieg in den Bunker. Ich bin so aufgeregt, ich könnte dauernd rumhüpfen. Wenn du das also in diesem Moment liest und ich springe neben dir auf und ab wie ein bescheuerter Gummiball, dann weißt du, dass es nur an dir liegt.

Wenn du das in diesem Moment liest, diese letzte Zeile, dann falte den Brief zusammen oder lass ihn fallen oder wirf ihn einfach weg und küss mich.

Küss mich.

Küss mich, Mona, in genau einer Stunde.

Genau jetzt.

27.8. Donnerstag, die trübe Woche fast hinter mir

David, gestern haben wir uns getroffen ... Und dies ist der zweite Versuch, einen Brief zu schreiben, am Beginn der dritten Stunde. Musik. Den ersten Brief hat vorhin die Deutschlehrerin kassiert.
Und deshalb wundere dich nicht – du wirst zwei Briefe bekommen, einen, da erzähle ich dir weiter von der Reise, und einen mit mehr von mir, na ja, anders von mir, zu Hause geschrieben.
So was wie eben möchte ich nicht noch mal erleben. Die Deutschlehrerin hat nämlich den Brief vorgelesen. Und die Rechtschreibung korrigiert. Dann hat sie ihn eingesackt. Ich sagte: Schreiben Sie doch 'ne Zensur drunter und geben Sie ihn mir zurück.
Da wurde sie erst richtig sauer, weil sie dachte, sie hat mich endlich mal fertiggemacht und zum Schweigen gebracht. Sie brüllte mich an: Dass du jetzt noch was zu sagen wagst und nicht deine Klappe hältst. Und ich kriege einen Tadel wegen wiederholten Störens. Ich habe gar nicht gestört, ich war ganz ruhig, habe ich gesagt. Hat die voll den Anfall gekriegt und den Brief zerfetzt. Dann hat sie die Schnipsel nicht in den Papierkorb geworfen, ich dachte schon, die klebe ich wieder zusammen, nee, sie hat sie noch zusätzlich zusammengeknüllt und in ihre Tasche gefeuert. Knallrot im Gesicht und alle haben gefeixt. Das war meine Rettung, denn vorher

waren sie schadenfroh, haha, die hat sich erwischen lassen. Ach, David, hat ein Junge gesäuselt, sie liebt einen David und geküsst hat sie auch schon. Weißt du, das sind immer die Kerle, die es nicht mal schaffen, mit einem Mädchen zu reden, ohne dass ihnen die Schweißtropfen von der Stirn springen, genau dem Mädchen ins Gesicht. Dagegen ist ja nichts einzuwenden, gegen Schüchterne, meine ich, aber wenn die gleichzeitig keine Gelegenheit auslassen, sich über andere lustig zu machen, dann finde ich das zum Abkotzen. Und wie sie sich dann affenstark fühlen. Scheiße.
So. Und frag nicht, was drin stand, ich fang den Brief von zu Hause noch mal an.

Paris. Wir haben uns alles angesehen. Eiffelturm, Louvre, all die alten Bilder. Ich mag immer besonders die, aus denen die Menschen raus in die heutige Welt gucken. In den Cafés muss man mehr bezahlen, wenn man in der ersten Reihe auf der Straße sitzt, je weiter hinten, desto weniger. Es sind Schaupreise. Fürs Schauen und Angeschautwerden. Die Kathedrale Notre-Dame, sonst interessiere ich mich nicht so für Kirchen, aber die ist was Besonderes. Der erste Moment, David. Ist so was von besonders. Du siehst das Ganze von außen, gut, massenhaft Touristen, na ja, muss man gesehen haben, dann trittst du ein, Mann, plötzlich war ich vollkommen ergriffen, mir sind Tränen in die Augen gesprungen und für einen Moment habe ich alles vergessen. Die ganze Welt vergessen. Das ist mir noch nie passiert. Stand da voll bedeckt mit Gänsehaut, Atilla, die Quasseltasche, hat auch kein Wort gesagt, dann gingen wir schließlich weiter und das Gefühl von Glück legt sich und die Besichtigung beginnt. Da wurde es wieder eine Kirche. Ich konnte es kaum fassen, ich hab ja keine Religion, hat damit also nichts zu tun, es ist dieses Gebäude. Innen ist die Kathedrale unendlich hoch und überall gebrochenes Licht durch die roten und blauen Glasstücke. Weißt du, am letzten Tag sind wir wieder reingegangen und es hat mich wieder umgehauen. Ein Glücksmoment. Und später erinnert der Körper sich an das Gefühl nicht. Nur mein Kopf. Ich frage mich, was da ist, was es ist. In diesem Augenblick nimmt man auch die Menschen um sich herum nicht wahr, stören einen die knipsenden Japaner nicht und die bettelnden Kinder nicht und die Taschendiebe haben sicher ein leichtes Spiel. Vielleicht geht es aber auch vielen so wie mir und es ist ein magischer Ort. Ich kann es dir nicht erklären, mir selber auch nicht.

Wir hatten keine Übernachtung, nicht genug Geld für ein Hotel und die Jugendherberge war voll. Wir erst mal in eine Disco. Getanzt und getanzt, es waren Franzosen und Afrikaner da, die Musik war genauso gemischt. Na ja, es wurde immer später, wir immer müder. Hingen irgendwann nur noch ab. Ein Mann sprach mit uns. Oder nur mit mir und Atilla kam dazu? Er ist echt gut, er lässt mich nicht mit irgendwelchen Typen allein, muss immer erst

mal die Lage peilen. Na, und dann denken ja alle gleich, er ist mein Freund, und er ist dunkel, da kriegen sie Schiss, dass er ein Messer in der Hosentasche hat oder so. Find ich voll gut. Dabei ist Atilla der liebste Junge auf der ganzen Schule, ich hab noch nie 'ne Prügelei gesehen, wo der dabei war. Ich mag es, dass er auf mich aufpasst. Obwohl ich es sonst nicht leiden kann, wenn sich ein Junge einmischt. Ich regle meine Angelegenheiten selbst. Außer bei Atilla. Er hilft mir, ohne dass er drum gebeten wird, und er verlangt nichts dafür. Na ja, der Typ in der Disco hieß Jean-Michel und er hatte 'ne eigene Wohnung. Er hat gleich geschnallt, dass wir nur drei Freunde sind. Er war schon über dreißig. Er hat uns mitgenommen, es war ein ziemlicher Weg mit der Metro nach Norden in noch so eine Hochhaussiedlung, scheinbar wohnen alle Leute in Paris gar nicht in Paris, sondern drum herum. Da hat er uns Platz gegeben, ein Zimmer für Konni und Ati, eins für mich und er hatte noch eins für sich. Ich fand es ein bisschen unheimlich allein, andererseits konnte ich mich in Ruhe umziehen und so, nicht vor den beiden anderen. Na ja.
Der Rest ist nichts für die Schule. Das kommt in den Brief von zu Hause.
Jetzt passe ich noch ein bisschen auf, wir schreiben bald eine Arbeit.
Bis später.

Zu Hause

Lieber David.
Als ich da gestern am Anhalter Bahnhof stand, zusah, wie das Zelt der Augsburger Puppenkiste mit Holzwänden verkleidet wurde, und auf dich wartete, waren meine Knie so wackelig, dass ich mich festhalten musste. Und aufgeregt war ich und dann bist du die S-Bahn-Treppe hochgekommen, auf mich zu, ich dachte, ich fall um. Erst vor Aufregung, dann weil ich sehe, dass du einen Buggy schiebst. Dein kleiner Bruder, er war nicht wie sonst bei deiner Oma und mit der Nachbarin hat es nicht geklappt, dabei dachte ich, die redet sowieso nicht, außer wenn sie aus dem Fenster schreit, dann der Brief, kaum stehst du bei mir, drückst du mir ein paar Blätter in die Hand, sage ich: Lese ich nachher, ja?
Nein, lies jetzt, ach nee, bitte, na gut. Ich las und kapierte gar nichts, warum hat der das Baby dabei, dachte ich immer nur und gleichzeitig: Warum nicht? Aber da steht doch, Pitie ist bei der Elslohe. So richtig was begriffen habe ich erst auf der letzten Seite bei den letzten Zeilen, ich habe dich angeblickt und bemerke dann Pitie. Und was sehe ich? Pitie starrt uns an, hat sogar den Daumen aus dem Mund genommen. Du stehst da und wartest, was passiert, wie erstarrt, David, ich konnte es nicht. Ich musste einfach lachen und lachen und lachen, es war, Mensch, da bauen sie die Augsburger Puppenkiste auf, so 'ne Riesenkiste, und da stehen wir so klein daneben,

ihr zwei guckt mich an und wartet auf ein Wunder und wir sollen mit einem Baby ins Gruselkabinett im Bunker. Und dabei haben wir uns seit fast zwei Monaten nicht gesehen und gerade mal gewagt unsere Finger aufeinanderzulegen. David, verzeih mir, ich konnte nicht aufhören zu lachen. Ich biss die Zähne zusammen und lachte trotzdem, ich habe Muskelkater davon. Erst als du anfingst zu weinen, und dann Pitie auch noch, laut wie ein Seelöwe, ging der Lachanfall vorüber, ach, dann war auch die Angst weg, dich zu umarmen. Wir standen so lange da, bis Pitie sich von selbst beruhigte, wahrscheinlich weil wir so still waren, hast du eigentlich gemerkt, dass dein kleiner Stinker an mir gezupft hat, bis wir uns losließen? Du hast einen süßen Bruder, wie der so grinst mit seinen vier Zähnen, man kann gar nicht sauer auf ihn sein. Der Mann auf dem Kran, der die Holzbretter in die Wände einsetzte, hat uns die ganze Zeit beobachtet. Das eine Brett war total schief, ich habe es über deine Schulter gesehen, der Mann unten hat losgeschimpft und das Brett musste noch mal aus der Wand gehoben werden.
Lieber David, ich spüre jetzt noch deine Hände auf meinem Rücken, wie sie ganz fest drücken, als wollten sie mich gar nicht mehr loslassen.

Na ja, dann war ich dankbar, dass Pitie dabei war und wir im Bunker nicht in die 1. Etage gehen konnten. Ich hatte schon Angst, als ich die Leute reden hörte. Ein

Mädchen sagte zu ihrem Freund: Ich bin immer noch ganz fertig. Und zwei andere atmeten nur erleichtert aus, als sie die Treppe runtergingen, als seien sie gerade noch entkommen. Und dann am Eingang die Fotos von den Leuten, die dort als Erschrecker arbeiten. Weißt du, David, mit mir kannst du nicht mal in die Geisterbahn und auch nicht in die Achterbahn. Ich mach mir nicht künstlich Angst. Ich zittere schon bei der Vorstellung von Leuten, die mich im Dunkeln berühren könnten.

In den Bunker wollte ich deshalb, weil meine Oma früher bei Bombenalarm dadrin gesessen hat. Ich wollte mal sehen, wovon sie so oft gesprochen hat. Die Menschen müssen da dicht an dicht gesessen haben, Rücken an Rücken, Gesicht an Gesicht, Hunderte mit Mänteln und Koffern. Einmal hat meine Oma in der 2. Etage gesessen. Und ausgerechnet in der Nacht ist da eine Bombe draufgefallen. Der ganze Bunker hat gewackelt, das Licht ging aus, aber der Bunker hat gehalten. Vielleicht haben die im 2. Untergeschoss weniger davon gemerkt. Aber oben? Es war ein Loch in der Decke und auf dem Gang lagen ein paar Tote. Eine Frau hat vor Angst Selbstmord gemacht. Das hat meine Oma alles gesehen, sie war damals neun. Aber die anderen fast zweitausend Leute waren alle unverletzt. Die Wände sind so irre dick, dass der Bunker nicht gesprengt werden konnte. Deswegen steht er da noch rum. Weißt du, meine Oma sagt immer, sie kamen raus, überall hat's gebrannt

und sie hat nicht wiedererkannt, wo die Straßen waren und wo welches Gebäude gestanden hat. Dabei kannte sie alles auswendig, weil sie in der Gegend immer draußen gespielt hat. Das bringt sie heute noch ganz durcheinander. Sie sagt immer, ich habe nichts wiedererkannt. Gar nichts wiedererkannt. Und schüttelt ihren Kopf, ich weiß gar nicht, wie Mutti den Weg gefunden hat, ich wusste nicht mehr, wo ich war.
Und heute ist in dem Bunker ein Gruselkabinett. Als der Kassenmann mit seinem Vampirumhang rauskam und uns mit Pitie nicht reinlassen wollte, war ich erst sauer. Dann, als er sagte, dann lest doch mal im Buch, dann merkt ihr, dass es nichts für den Kleinen ist, und als wir dann im Gästebuch blätterten, war ich so froh. Ich bin nicht wie die Leute, die da reinschreiben:
Danke für die Angst.
Mir lief es sogar eiskalt den Rücken runter.
Der Tod war toll.
Ein wunderbares Gefühl, wenn man sich wieder beruhigt.

Ich fand es viel toller, mit euch Eis essen zu gehen, als da so tierisch viel Geld für den Eintritt zu bezahlen, dafür, dass ich mir freiwillig Angst einjagen lasse. Die wissen wahrscheinlich alle nicht, was echte Angst ist. Die eine Frau hat tatsächlich reingeschrieben: Man könnte einen völlig dunklen Raum einrichten, in welchen man nach Betreten für zwei Minuten zusammen mit Geistern und

anderen Schikanen eingeschlossen wird. Das würde die
Leute sicher noch mehr fertigmachen.
Ich glaube, die ist ziemlich abgebrüht. Glaubst du, es gibt
wirklich Menschen, die sich gern fertigmachen lassen?
Gruselst du dich gern?
Kommt ihr erst mal nach Gettorf! Das hatte ein Mädchen
geschrieben.
Hattest du die Taschenlampe mit?

Genug gequasselt, David. Schon so viele Seiten ist der
Brief lang und das Wichtigste ist nicht gesagt: Ich spüre
noch deine Lippen auf meinen, wie sie meine umschlie-
ßen. Wie kommst du auf so eine Art zu küssen? Mir
wird ganz schwindlig, wenn ich daran denke, die Umrisse
deiner Lippen schweben hier vor meinen Augen. Wenn
Pitie reden könnte … Bin ich froh, dass mir die Eisdiele
in der Stresemannstraße noch eingefallen ist. Alles
geschah von selbst, fragen, ob du von meinem Eis kosten
möchtest, du nickst, ich lecke an meinem Aprikoseneis,
beuge mich vor und du kostest von meinem Mund.
Mmh.

David, es ist von allein passiert, ohne Vornehmen oder
Nachdenken.
Und wenn ich die Augen schließe … David.
Deine Mona

PS: Was ist mit deiner Oma? Warum rennt dein Vater nicht gleich hin, wenn's ihr schlecht geht?
Ich bin froh, dass wir nicht über eifersüchtig und Arzt und so reden mussten. Das ist wie Blei.

Mondnacht, Monanacht

In meinem Zimmer steht ein kleiner Fernseher, Mona, der läuft gerade. MTV ohne Ton. Hab auch kein Licht an, nur zwei Kerzen stehen auf meinem Schreibtisch, die flackern mit dem Bildschirm um die Wette. Bei jedem Flackern zuckt groß mein Schatten über die Wand.

Ist ganz still in der Wohnung, alle schlafen, still im Haus, alle schlafen, still in der Straße, alle schlafen. Nur Berlin schläft nicht – das Fenster steht schräg, in der Ferne hört man den Verkehr brausen, ich sehe diese orangedunkle Lichtglocke über der Stadt schweben, die ist da jede Nacht, seit ich mich erinnern kann.

Und ich schlafe nicht. Kann nicht. Seit du mich geküsst hast, kann ich nicht mehr schlafen. Okay, ist vielleicht übertrieben, geb ich zu, schließlich ist es ja erst die dritte Nacht danach. Also dann: Will ich eben nicht. Ich meine, stell dir vor, dir ist etwas absolut Schönes passiert, so wie vorgestern, und du gehst ins Bett und schläfst ein und wachst am nächsten Morgen auf und hast alles vergessen. Natürlich *weißt* du nicht, dass du's vergessen hast, deswegen ist es nicht so schlimm. Aber *vorher* weißt du es vielleicht, am Abend vorher, und darum willst du nie wieder schlafen, darum gehst du nicht ins Bett. Darum geht David nicht ins Bett.

Ich wünschte, ich könnte in deine Richtung gucken, Richtung Kreuzberg, aber das geht nicht, von keiner Seite unserer Wohnung aus. Aber dein Bild sehe ich, das Montparnasse-Bild, es steht genau vor mir, es ist so wunderschön! Du schaust mich an und trotzdem fühle ich mich nicht beobachtet. Tagsüber verstecke ich es in der untersten Schublade vom Schreibtisch, jedes Mal habe ich höllische Angst, es könnte verknicken. Es geht meine Mutter nichts an.

Wenn ich aufblicke, über dein Bild hinweg, sehe ich mein Spiegelbild im Fenster, wie ich auf dem Kuli rumkaue und mich dabei irgendwie blöd anglotze, und hinter mir rennt Lola durch diesen Clip und Thomas D. singt stumm, dass er ohne sie nicht leben kann, o Baby bitte, bitte, lauf, lauf, gib nicht auf. Den Text kann ich schon auswendig, der Song ist so cool.

Mona, mir ist, als wäre ich tief in mir drin und gleichzeitig überall draußen. Als hätte mein Schatten an der Wand noch einen weiteren Schatten, seinen eigenen, und der bewegt sich und tanzt und ist ganz durchsichtig, durchsichtiger als Glas und klarer als Wasser, und wenn ich ihn berühre, dann kann ich dich riechen, deine Haare und deine Hände, und ich kann dich schmecken, deinen Mund.

Aprikosen.

Ist auch deshalb gut, dass ich nicht schlafe, weil ich so meinen Kopf sortieren kann. Ich stell mir einfach vor, du wärst jetzt hier und ich würde dir alles Mögliche erzählen, einfach so. Über mich und über uns.

Dass man sich zum Beispiel mal vorstellen muss, wie so ein winziges Wort aus drei Buchstaben – U N S – einen völlig umkrempeln kann. In der Eisdiele konnte ich dich nur angucken und danach, auf dem Heimweg in der Bahn, wollte ich jede Minute noch einmal erleben und hab mich tierisch geärgert, weil ich die Klappe praktisch nicht aufgekriegt hatte, nur für belangloses Zeug. Und Pitie hat derweil tausend Herzen gebrochen, er hat im Waggon – original Ohrenstein & Koppel, Papa lässt grüßen – gestrahlt wie eine kleine Glühbirne. Er war total gut drauf. Er kann dich gut leiden, Mona, das hab ich gemerkt.

Ich könnte schreien, weil du jetzt nicht bei mir bist. Gestern ging gar nichts, nicht mal schreiben, nur diese Postkarte, die lege ich bei. Fertige Gummibärchen oder Rosen wollte ich nicht, also hab ich eine richtige Postkarte gekauft, beide Seiten weiß und mit aufgedruckter Briefmarke. Ich bin nicht so gut in Kunst. Hab sie aber trotzdem selber bemalt.

Ist das nicht seltsam, wie die Zeit durcheinandergerät und auch unsere Briefe? Als wäre gestern morgen und morgen gestern, als ob man das Einatmen mit dem Ausatmen verwechselt. Wie nichts mehr wichtig ist außer der Erinnerung an dich: Wie du da auf diesem großen Platz stehst, als ich aus der S-Bahn komme. Kein bisschen aufgeregt hast du ausgesehen, obwohl du es doch warst und dich festgehalten hast mit einer Hand am Bauzaun. Es ist alles falsch herum, wenn man eine Treppe raufgeht und jemanden sieht, es fängt ja am Kopf an und dann geht es über den Oberkörper die Beine runter. Deine Haare haben geglänzt in der Sonne, du hattest mir nicht geschrieben, dass du sie viel kürzer trägst als vorher. Seltsam, dass sie geglänzt haben, die Sonne war doch ganz stumpf. Deine erstaunten Augen, als du Pitie sahst, und es roch schon so nach Herbst.

Ich war genervt, dass Pitie dabei war. Die Elslohe, die blöde Kuh, hatte mir fest versprochen ihn mir abzunehmen, und plötzlich kommt sie mit einem Termin beim Friseur, weil ihr die Dauerwelle oder was aus dem Leim gegangen ist morgens bei dem kurzen Regen und sie auf dem Weg zum Kiosk für ihre blöde Bild-Zeitung, und da steh ich vor ihr und guck in dieses voll alte Gesicht und frag mich: Wofür braucht die überhaupt irgendeine Frisur? Damit sie beim Geplärre aus dem Fenster gut aussieht?

Deine Beine standen so fest auf dem Boden. Auf dich zuzurennen ging ja nicht, wegen des Kinderwagens. Ich wäre sowieso gestolpert. Du hast dich kein bisschen bewegt, nur deine Haare im Wind, und du hast den Zaun nicht losgelassen, sogar den Brief hast du erst nur mit einer Hand genommen und ich hab so verdammt aufgepasst, dass ich dich nicht berühre, als ich ihn dir gegeben habe. Wenn ich sie jetzt berühre, hab ich in dem Moment gedacht, dann löst sie sich auf.

Dann hast du mich berührt. Dann den Brief gelesen. Und dann hast du gelacht. War doch gut, dass Pitie dabei war, sonst hätte ich auf dem Absatz kehrtgemacht.
Aber mit einem Kinderwagen kann man schlecht flüchten.

Mann, Mona, das hätte ich dir alles erzählt, aber mein Mund war ja wie zugeklebt, weil du so losgelacht hast nach meinem Brief. Das war ein Gefühl, als hätte ich Metall auf der Zunge. Und ich hab nicht mal gemerkt, dass ich geheult habe – und das ist mir auch nicht peinlich oder so, ich finde es völlig okay, wenn Jungs heulen –, und ich hab auch nicht *gehört*, wie du gelacht hast. Nur gesehen hab ich es. War wie ein Stummfilm. War wie in Schwarz-Weiß.

Gut, dass du die Arme ausgebreitet hast.

Hab auch nicht gewusst, dass dieser Bunker so eine richtige Ausstellung ist. Ich dachte, wir würden ganz allein sein, stattdessen rannten da jede Menge Leute rum. Luftschutzbunker. Meine Oma hat nie vom Krieg erzählt. Ich hab sie mal gefragt irgendwann und da sagte sie nur, ach, daran will keiner mehr denken, ich war ja noch ein Kind damals, man muss nach vorne schauen, David.

Vielleicht kann die Elslohe sich erinnern. Die ist viel älter als meine Oma. Die war vielleicht zwanzig, als der Krieg aus war. Da war sie also noch ganz jung. Vielleicht guckt sie manchmal in den Spiegel und sieht sich immer noch als junge Frau und geht deswegen zum Friseur. Ich weiß ja nicht, was die so erlebt hat in all den Jahrzehnten. Scheiße. Ich muss ihr wohl mal sagen, dass ihre Dauerwelle voll gut aussieht.

Du wolltest unbedingt in diesen Bunker gehen, Mona, obwohl du Angst davor hattest? Ich könnte ja jetzt sagen: Hättest keine Angst haben müssen, nicht mit mir, nicht, wenn ich dabei bin. Aber ich bin im Dunkeln auch eher unbrauchbar. Nicht richtig mutig, meine ich. Als ich klein war, musste jede Nacht das Licht im Flur brennen, mein Vater fand das scheiße. Und selbst das war mir nicht genug – ich hab mir immer die Decke über den Kopf gezogen und an der Seite ein ganz kleines Luftloch gelassen, und dann hab ich drauf gewartet, dass ich höre, wie etwas sich in meinem Zimmer bewegt. Etwas, das klein war und sehr böse. Ich weiß echt nicht, warum die Filme machen wie Godzilla, wo alles so riesig ist. Das macht einfach nur Spaß, zuzugucken, wie so ein Vieh alles zertrampelt und in New York einmal quer durch einen Wolkenkratzer marschiert, und Tiffe und ich sind auch schon echt scharf auf den Film.
Aber riesige Sachen machen mir keine Angst.
Nur kleine.

Tiffe hat mal erzählt, wie er schon eine Stunde oder so in seinem Bett gelegen und gelesen hatte – Stephen King, was sonst –, und seinem Bett gegenüber steht der Kleiderschrank und bei dem ging plötzlich eine Tür auf, ganz langsam, und hinter der Tür war es natürlich voll dunkel. Schwarz. Tiffe hat gesagt, in dem Moment hätte er nicht mal schreien können. Er wusste nicht mehr, wie das funktioniert, wenn man schreien will.

Meine Mutter hat übrigens vergessen, dass du angerufen hast. Die war gestern nicht mal besorgt, weil ich mit Pitie

ewig nicht nach Hause kam, und da sie nicht gefragt hat, wo ich mit ihm war, hab ich auch nichts gesagt. Sie stand in der Küche beim Abwasch und meinte nur, dass Lady Di jetzt fast genau ein Jahr tot wäre und wie die Zeit so schnell vergeht und dass ich Pitie füttern soll, ihr wäre nicht so gut. Mein Vater hockte vor der Glotze, sah kein bisschen aus wie Doktor Schiwago und sagte auch keinen Ton. Vielleicht hatten die beiden gerade mal wieder miteinander *geredet*.
War mir auch egal.

Aus dem Zimmer von Lara und Pitie dröhnte der Blockflöten-Horror. Das wird nie was mit Lara und dieser Flöte, sie kann es einfach nicht, ich weiß echt nicht, warum meine Eltern Geld für den Unterricht ausgeben. Sie hören sich das auch gar nicht an, wenn Lara auf der Scheißblockflöte rumtrötet. Letztes Jahr Weihnachten war dieses Krippenspiel und Lara hat voll rumgeheult, dass wir in die Schule kommen und uns das angucken sollen. Ich war der Einzige, der hingegangen ist. Lara tat mir so leid. Stand da und spielte ganz angestrengt und guckte dabei immer über die Flöte weg ins Publikum, weil sie unsere Eltern gesucht hat. Ich meine: Alle anderen Scheißeltern waren da. Aber meine Mutter konnte sich angeblich nicht freinehmen für ein Krippenspiel, wegen all dieser Überstunden vor Weihnachten und so. Mein Vater hat gar nichts gesagt, jedenfalls keine Entschuldigung. Er meinte, wir müssen ja auch irgendwie unser Geld verdienen, schließlich wollt ihr ja auch Geschenke zu Weihnachten, was, David, da will ich euch aber mal sehen, wenn da keine Geschenke liegen unter dem Baum!

Ich glaube, das tollste Geschenk für Lara wäre gewesen, wenn meine Eltern sie spielen gehört hätten, aber stattdessen kriegt sie zu Weihnachten so ein beschissenes Tamagotchi, das heute sowieso kein Schwein mehr interessiert, das Vieh ist längst verhungert oder in seinem eigenen Mist erstickt. Ich finde, es ist nicht gut für ein Kind, wenn die Eltern nichts von ihm wissen wollen.

Als ich klein war, hab ich auch schon immer aus meinem Fenster geguckt. Oder bin auf den Balkon gestiefelt, einmal sogar in kurzen Spielhosen mitten im Winter. Da hat sich meine Mutter gekümmert – hat mir den blanken Hintern versohlt, als sie mich fand. Sie sagt heute noch, ich wäre bereits ganz blau gewesen vor Kälte. Ich hab immer gern am Balkongeländer gestanden und in die weite Welt geguckt, die ja so weit nicht war – als Stöpsel siehst du nicht die Menge über so ein Balkongeländer hinweg. Ich hatte ein Bilderbuch, Geschenk von meiner Patentante, da waren Schiffe drin und Planwagen und Schlitten in Richtung Nordpol, was weiß ich, alles Mögliche eben mit Entdeckern. Kolumbus und Vasco da Gama und Amundsen und Scott. Irgendwann ist das Buch im Keller gelandet. Die Schiffe hab ich nie vergessen. Sie hatten Rümpfe aus Holz und bunte Segel, blau mit goldenen Kreuzen drauf, Spanier standen am Heck und hielten Ausschau, sie waren auf dem Weg in die Neue Welt.

Viel später – erst vor einem Jahr, glaube ich – hab ich gelesen, dass die Spanier tausend Krankheiten mit nach

Südamerika gebracht haben, wie sie die Indios umgebracht und sie ausgeplündert und beraubt haben. Das Einzige, was sie entdecken wollten, waren Gold und Kaffee und so ein Zeugs. Es ging ihnen nur um Reichtum und darum, die Macht ihrer Könige zu vergrößern, und immer haben irgendwelche Päpste gesagt, ihr seid voll cool, Leute, bringt die Heiden mal ordentlich um und schleppt die Kohle ran und Gott sei mit euch.
Warum steht das nicht in den Entdeckerbüchern drin?

Jedenfalls, als ich das noch nicht wusste, wollte ich auch Entdecker werden, aber das hat sich erledigt. Ist ja schon alles entdeckt auf der Welt, und jemanden umzubringen wäre auch nicht mein Ding. Aber fort will ich immer noch, immer schön über das Geländer vom Balkon hinweg. Ich weiß nicht, warum. Eines Tages geh ich, Mona. Das weiß ich genau. Eines Tages hau ich ab und dann hätte ich gern jemanden, der mit mir geht.

Wann sehen wir uns wieder, Mona? Ich stelle mir vor, wie du gerade schläfst. Wie du aussiehst, wenn du schläfst. Wenn ich jetzt bei dir wäre, dann würde ich dich die ganze Zeit nur angucken und aufpassen, dass keiner dich weckt. Ich würde neben dir liegen und dich nicht anfassen. Vielleicht würde ich zu dir unter die Decke kriechen, ich bin so scheißmüde. Vielleicht geh ich doch schlafen, aber ich vergess dich nicht. Es wird Morgen und draußen dämmert es und die Lichterglocke über der Stadt wird blasser und ich höre dich atmen und dabei schlaf ich ein. Mehr will ich nicht von dir.

Was ist das Schlimmste, was du je getan hast?

Würdest du mal mit zu meiner Oma kommen? Ich schätze, die würde dich mögen.

D.

31.8.

Lieber David,

schlaf doch, schlaf.
Du vergisst schon nicht.
Ich erinnere dich (falls doch).
Wer weiß, was du für Träume verpasst.

2.9.
Kalte-Finger-Wetter
eigentlich warte ich immer noch auf den Frühling

David, was du für Briefe schreibst. Da überfällt mich die Sehnsucht und ich möchte durch dein Fenster fliegen. Gestern Abend hatte ich so ein Gefühl, als hängen überall an meiner Haut Fädchen, die mich fortziehen, weg, weiter. Ich hätte mich auflösen, durchs Schlüsselloch raus und zu dir schweben können. Lass dein Fenster offen, es ist ja noch nicht so kalt, dann schwebe ich unsichtbar hinein, nachsehen, was du tust.

Hast du nicht mal so was gesagt wie:
Beim Briefeschreiben brichst du dir die Finger?
Und du kannst nicht so gut von dir erzählen?
Es hat von Anfang an nicht gestimmt.
Der lila Baum, dein Postkartenbild, hängt an der Wand und grinst, strahlt mich an.

Weißt du, was ich nicht glaube?
Dass die Elslohe zum Friseur musste.
Erzählst du das bloß, damit ich nicht sauer bin?
Ich habe es gleich nicht geglaubt.
Wenn so eine alte Frau zum Friseur muss, vergisst die das nicht.
Erst recht nicht, wenn sie es am selben Tag verabredet hat.

Weißt du, was ich auch nicht glaube?
Dass du keine Erfahrungen mit Mädchen hast.
Sonst würdest du nicht davon reden, neben mir unter einer Decke zu liegen und mich atmen zu hören. So was sagen die Erwachsenen in Büchern, wenn sie schon wissen, wie alles geht.
Ich könnte ein bisschen angeben, was ich weiß.
Aber was du nicht weißt: Ich bin dabei, von vorn anzufangen. Auf dem Rückweg wurden wir bis Brüssel mitgenommen, kamen nach Mitternacht an, wieder kein Geld fürs Hotel, der Bahnhof schon geschlossen, alles still, eine eingeschlafene Stadt. In einem kleinen Park rollten wir unsere Schlafsäcke aus und legten uns auf die Wiese. Ich zwischen Ati und Konni. Ich hatte es schön warm, blickte meinem Atem nach und beschloss, nicht mal Ati davon zu erzählen und einfach noch mal zu beginnen. Na ja, der Mond war eine dünne scharfe Linie, auf dem Weg, voll und rund zu werden, und ich bin romantisch.
Wenn ich durch die Stresemannstraße gehe, spüre ich jedes Mal deinen kühlen Nougatmund mit Aprikosengeschmack. Weich und kribbelig.
Wer weiß, wie lange wir schliefen, noch vor der Dämmerung wurde ich von Tritten wach. Es waren polierte schwarze Stiefel an den Beinen einer Polizistin. Mit zwei anderen Bullen war sie da. Sie traten uns also zu dritt, bis wir wach waren und aufstanden, die drei schimpften rum, haut ab. Wieso?

Irgendwelche Anwohner hatten uns gesehen und die Polizei gerufen. Das war Brüssel. Irgendwie sind wir zu der orange beleuchteten Autobahn gekommen, mir war so kalt, die anderen haben auch geklappert. Ati sagte, wir machen uns ein Feuer. Gerade als wir genug Äste zusammenhatten und Papier und es zündelte und brannte, hielt jemand und wir sind weggekommen.
Wenn bis jetzt nur ein einziges Mädchen bei dir angerufen hat, nämlich ich, und deine Mutter schon fürchtete, du könntest schwul sein, warum vergisst sie es dann? Interessiert sie sich nicht für dich?
Weißt du, dass du mir selten auf meine Fragen antwortest?
Ich *bin* nämlich interessiert an dir, ich will wissen, was los ist.

Bist du überhaupt 15?
Vielleicht bist du sitzengeblieben und sagst mir ein anderes Alter, damit ich nicht lache oder so was.

Wenn du abhaust, sag es rechtzeitig. Ich glaube, ich möchte nicht ohne dich hier sein.
Niemals bist du erst 15.

U N S.
Kennst du mich?
Wir haben nichts vor. Keine Pläne.
Aber es hat sich etwas geändert.

Plötzlich bin ich nicht mehr allein auf der Welt. Da ist jemand, mit dem fühle ich mich verbunden.
David heißt der.
Und ist nie und nimmer erst 15. Am Ende ist er älter als ich.
Wir haben fast alles mal verdorben, bloß wegen dieser Altersgeschichte.
Wir haben nichts vor und keine Pläne und wer weiß, wann wir uns wiedersehen. Aber wir haben schon zwei Orte. Drei. Den Platz am Anhalter Bahnhof, die Stresemannstraße und den Fernsehturm. Immer wenn ich irgendwo in der Stadt bin und der Fernsehturm plötzlich durch Bäume schimmert oder in einer Straßenschlucht oder über Häusern auftaucht, wird mir ganz warm und ich denke daran, wie wir da oben saßen und die Stadt sich gedreht hat. Der Himmel war atemberaubend blau. Und deine Hände. Weich. Kein einziger gebrochener Finger.
Vier. Vier Orte. Der Ku'damm noch. Ich kannte sie sowieso schon, jetzt sind diese Stellen plötzlich Orte geworden.

Ja, die Zeit gerät durcheinander. Die Tage sind lang, die Schultage besonders, und noch viel länger sind die Sonntage, wenn keine Post kommt. Die sind die Härte. Jeden Montagnachmittag wundere ich mich, wie ich fast zwei Tage ohne Post durchgestanden habe.

David, deine Briefe halten mich aufrecht. Wenn ich sie habe, kann ich weiter durchs Leben trotten, ohne auszuflippen.

Manchmal ist Angst gut als Vorahnung. Als Warnung. Zu wissen, dreh um, hau ab, mach das nicht, da droht Gefahr.
Manchmal mache ich Sachen gerade, wenn ich Angst davor habe. Wenn ich weiß, es wird mir nichts passieren. Ich will mich abhärten. Ich will die Angst besiegen.

Wieso schaffen deine Eltern sich drei Kinder an, wenn sie nichts von denen wissen wollen?
Was das Schlimmste ist, was ich je getan habe?
Antworte du erst mal darauf.

Deine Oma? Sag mir warum, dann komme ich mit.

Deine Aprikose

PS: Und da ich leider nicht in den Himmel und zu dir schweben kann, bekommst du alle meine silbernen und goldenen Sternchen. Der Umschlag ist ganz dick. Sie werden dir rausfallen, schade, dass ich es nicht sehen kann, du öffnest den Brief und die Sternschnuppen fliegen dir entgegen.
David, ich kann mir alles gar nicht mehr vorstellen ohne dich. Ich bin entbrannt.

3. September
hellgraudunkel, falls es so was gibt

Mona-Mona,

das war mit Abstand der seltsamste Brief, den ich bisher von dir bekommen habe. Ich dürfte mich ja nicht beschweren, mein letztes Geschreibsel war bestimmt auch ganz durcheinander, aber ich hatte auch zwei Nächte nicht geschlafen. Fast drei.

Warum glaubst du mir nicht? Denkst du wirklich, ich würde dich anlügen? Das könnte ich gar nicht. Und weil ich nicht glaube, dass du das denkst, bin ich auch nicht sauer. Aber gut, du willst es ja genau wissen.

Erstens: Okay, vielleicht hatte ich die Elslohe einfach falsch angequatscht und hab so was gesagt wie, ob sie mir nachmittags mal kurz Pitie abnehmen könnte, und da konnte sie nicht wissen, wie lang das wirklich dauern würde. Sie war tatsächlich beim Friseur und man sieht es ihr auch an. Die Haare irgendwie ganz rosa, als wäre eine Himbeere über ihr explodiert.

Zweitens habe ich wirklich keine Erfahrung mit Mädchen. Einmal hat mich eine beim Flaschendrehen geküsst, Britta. Vor fast einem Jahr war das und die peinlichste Aktion der Welt. Ich hab die Krise gekriegt, als plötzlich ihre Zunge in meinem Hals steckte – ich dachte, die kommt noch bis ganz runter in den Magen, es hörte gar nicht auf und Britta hat mich festgehalten mit Händen wie ein

Schraubstock. Es war kein bisschen romantisch. Sie hat nach Buletten geschmeckt.

Drittens bin ich fünfzehn, ob du es glaubst oder nicht. Fünfzehn Jahre, sieben Monate und elf Tage. Willst du eine Kopie meiner Geburtsurkunde? Inzwischen ist es mir egal. Tut mir leid, dass ich so einen Aufriss davon gemacht habe. Und wenn ich plötzlich gut schreiben kann, dann ist das ganz allein deine Schuld, weil du mich zum Briefeschreiben gebracht hast, und wenn ich plötzlich gut von mir erzählen kann – woher sollte ich wissen, dass ich das draufhabe? Ich hatte es noch nie probiert. Ich *dachte*, ich könnte es nicht. Und wenn es sich erwachsen anhört, dafür kann ich erst recht nichts. Man kriegt einiges mit, wenn man die Klappe hält und nur rumguckt und beobachtet. Außerdem sind Linkshänder besonders intelligent. Angeblich.

Viertens ist das alles total unwichtig. Je öfter ich nämlich deinen Brief lese, umso seltsamer finde ich ihn. Ich betrachte einzelne Worte, drehe und wende sie hin und her im Kopf – ein Puzzlespiel.

Mona, ich sollte dich das vielleicht nicht fragen. Aber ich mache mir fast Sorgen – ich meine, vielleicht spinne ich ja nur und hab zu viel Stephen King gelesen, da haben die Leute auch immer Sachen drauf wie Gedankenlesen oder so. Ich frag dich trotzdem und du bist einfach nicht sauer, okay? Wenn ich nicht Recht habe, kannst du dich ja totlachen. Außerdem hast du gefragt, ob ich dich kenne. Dann lass zu, dass ich dich kennenlerne, ja?

Also:

Ist irgendwas passiert in Frankreich oder vorher? Etwas, wovon du Atilla und diesem Konni erzählen wolltest und dann doch nicht, als ihr in Belgien in dem Park gelegen habt? Hat es was damit zu tun, dass du mit jemandem geschlafen hast?

Ich weiß, dass du nicht gern darüber reden möchtest, ich bin ja auch nicht blöde. Eigentlich war mir das recht, denn bei dem Thema kann ich sowieso nicht mithalten – mich hat ja schon Britta voll lahmgelegt mit ihrem Schraubstockgeknutsche. Ich will auch keins von diesen eifersüchtigen Arschlöchern sein, wie Tiffes Bruder eins ist. Für den sind alle Mädchen Bräute und er tut so, als wären sie sein Eigentum. Die dürfen nichts mehr, die Freundinnen von Michi, immer nur für ihn auf der Matte stehen müssen sie und dürfen keinen anderen Typen angucken. Umgekehrt gilt das natürlich nicht, da macht Michi immer schön rum.

Aber ich bin völlig verunsichert. Nur lässt man sich das eben nicht so anmerken als Junge. Tiffe zum Beispiel mit seiner angeblichen Freundin – das ging nicht besonders lang. Sie hat ihn rangelassen, behauptet er, aber ich weiß von ihr, dass es nicht stimmt. Und dann: Hab schon dieses und jenes angestellt mit Mädchen, sagt er zu mir, sage ich zu ihm, und ich weiß, dass er lügt, und er weiß, dass ich lüge. Bescheuert, oder?

Wenn du also ein Problem hast, weil du mit jemandem geschlafen hast, Mona, dann sag es mir. Ich mache nicht auf eifersüchtig, ich bleib ganz ruhig. Wenn ich lange genug über etwas nachgedacht habe, bin ich immer ganz ruhig.

Dann noch, was ich jetzt schon zwanzig Mal gelesen habe: dass du die Angst besiegen willst. Durchs Leben gehen, ohne auszuflippen. Dich abhärten – gegen was denn? Das macht *mir* Angst, Mona, wenn du sagst, dass meine Briefe dich aufrechthalten. Weil ich überhaupt nicht weiß, was dich runterzieht. Und weil ich nicht weiß, ob ich das kann, was meine Briefe können.

Gleich ein paar Mal schreibst du, dies und das, was ich dir von mir geschrieben und erzählt habe, würde womöglich nicht stimmen. Versteh mich nicht falsch, aber: Wie war das mit dem Angriff, der die beste Verteidigung ist? Ich würde nie behaupten, dass du lügst … aber man kann ja Sachen einfach für sich behalten. Das ist dann nicht Lügen, sondern eher so was wie Vorspiegelung falscher Tatsachen. So nennen die das jedenfalls in den Anwaltsfilmen, die du so scheiße findest.

Ganz egal, ob ich jetzt Recht habe oder nicht: Du kannst mir immer alles sagen, Mona. Ich kann nichts versprechen, nur, dass ich dir wenigstens zuhören und versuchen würde dir zu helfen. Das verspreche ich und das musst du mir glauben. Ich meine, wofür ist man denn zu zweit?

Damit du weißt, dass du mir vertrauen kannst, vertraue ich dir.

Hier ist das Schlimmste, was ich je getan habe:

Vor drei Monaten war das, kurz vor den Ferien. Stresszeit total, mit letzten Arbeiten vor den Zeugnissen und so. Meine Eltern hatten Krach, weil ... Okay, sie reden dann vielleicht doch nicht immer über alles. Und manchmal, wenn sie nicht reden und auch nicht schreien, haut mein Vater einfach ab. Meine Mutter rennt ihm nach, immer. Alles andere ist ihnen dann egal. Was auch gleich deine Frage beantwortet, ob meine Eltern sich für mich oder sonst wen außer sich selbst interessieren. Keine Ahnung, warum sie Kinder haben. Vielleicht, weil alle Kinder haben, genau so, wie alle ein Auto und einen Fernseher und einen Videorekorder haben.

Ich war also allein mit Pitie und Lara, das kannte ich ja schon. Nur, ich war eben voll im Stress, weil ich für Englisch pauken musste, aber Pitie hat sich vollgemacht, da hab ich ihn gewindelt, im Badezimmer. Lara saß in der Küche am Tisch und pinselte mit Wasserfarben. Und plötzlich brüllte sie rum – sie hatte nur das verdammte Wasserglas umgekippt und alles lief über den Tisch, aber woher sollte ich das wissen, ich dachte, ihr wäre sonst was passiert. Ich also raus aus dem Bad und in die Küche, aber ich bin kaum drin, da kommt dieser Knall aus dem Bad. Ich wieder zurück, Lara hängt sich natürlich an mich dran.

Pitie lag auf dem nackten Fußboden. Er strampelt immer so rum auf der Ablage, das wusste ich, ich hätte besser auf ihn aufpassen müssen, aber nun war es eben passiert. Gott, ich dachte, er hätte sich irgendwas gebrochen oder eine innere Verletzung oder so was, aber er kreischte voll laut rum, und meine Mutter hatte mal gesagt, wenn sie laut kreischen, dann sind sie gesund. Ich heb ihn auf den Arm und taste ihn ab, total panisch, und dauernd hab ich ihn dabei geküsst und hinter mir steht plötzlich Lara in der Tür. Ich hör sie nur sagen, das petz ich alles Paapaaa, das petz ich alles Maamaa, wie Kinder das so sagen, nur war es eher ein Singsang, sie hat es dauernd wiederholt. Und Pitie hört nicht auf zu schreien. Und in mir war plötzlich eine solche Wut. Da hab ich ihn zurück auf die Ablage gelegt. Dann hab ich Lara geschlagen.

Ich schäme mich so sehr dafür, ich wäre am liebsten tot, wenn ich daran denke. Ich meine, ich hab sie nicht nur ein Mal geschlagen. Ich hab sie, ich weiß nicht, zehn Mal oder zwanzig Mal geschlagen. Fest ins Gesicht. Das war ganz rot. Sie blutete aus der Nase. Und Pitie schrie immer noch. Lara schrie auch. Am Anfang. Dann hat sie sich geduckt und die Hände über den Kopf gehoben und nur noch gewimmert, ihre blonden Haare guckten durch die Finger, die waren ganz bunt von all der Wasserfarbe, einer war durchgehend blau, wie der Himmel an einem Sommertag, und ich hab sie weitergeschlagen, und dann hab *ich* gebrüllt, aber ich weiß nicht mehr, was.

Danach war eine Weile gar nichts. Ich meine, ich hab nichts mehr gehört, nicht mal mich selbst. Und als ich wieder hören konnte, gab es nichts zu hören, weil Pitie und Lara ganz still waren. Aber draußen hupte ein Auto, da wusste ich, ich kann wieder alles hören.

Ich hab Lara in den Arm genommen und gestreichelt und gesagt, das wär nicht schlimm. Da fing sie wieder an zu wimmern. Und ich noch mal und noch mal, es wäre nicht so schlimm und dass ich ihr morgen ein riesiges Eis kaufen und mit ihr in den Zoo gehen würde, da wollte sie immer hin, immer in den Zoo, wir waren da mal vor Urzeiten gewesen, aber sie hatte es nicht vergessen, weil ein Elefant ihr mit dem Rüssel eine Erdnuss aus der Hand gefischt hatte. Das fand sie so toll.

Ich hab ihr alles versprochen, Sonne, Mond und Sterne, eine Scheißbarbiepuppe, zehnmal Weihnachten im Jahr. Schließlich einen eigenen Elefanten, ein Stofftier. Da war's dann plötzlich gut. Das Vieh hat mich zwei Monate Taschengeld gekostet.
Und was passierte?
Letztlich schwärzte Lara mich dann doch an. Und eigentlich hatte sie verdammt Recht. Sie hat das eben nicht mit sich machen lassen, erst verdreschen und dann bestechen und heile, heile, Gänschen.
Hat mich also angeschwärzt.
Und was passiert *dann*?
Nichts. Nur ein kurzer Anschiss von meinen Eltern – große Überraschung, ausnahmsweise hat sogar mein Vater mal den Mund aufgekriegt. Dass das nicht noch mal passiert,

sie würden uns schließlich auch nie schlagen, das wäre scheiße, aber noch viel schlimmer wäre ja wohl, dass man sich auf mich nicht verlassen kann. Lara steht hinter den beiden im Türrahmen und ihr Kinn zittert.
Ich guck sie an und zwinkere ihr zu, mache mir mit dem Finger so einen Rüssel vor die Nase. Da lacht sie.

Inzwischen hat sie die ganze Sache wahrscheinlich längst vergessen. Falls man so was vergessen kann. Ich kann es jedenfalls nicht. Manchmal lieg ich im Bett und heule einfach los, es kommt von ganz allein und immer kommt es ganz schnell, wie ein Überfallkommando. Es fängt an mit einem Brennen hinter den Augen. Die Sache hat mich mehr gekostet als diesen blöden Elefanten.

Hoffentlich hältst du mich jetzt nicht für das Oberschwein. Das war jedenfalls das Schlimmste, was ich je getan habe.

Dass ich dir vertraue, das liegt nur an dir, nur an dir, Mona. Und ich wünsche mir, dass es umgekehrt auch so für dich ist. Auch wenn ich mich täusche mit deinem Brief und er gar kein Puzzle ist, hab ich dir das nicht umsonst erzählt. Du kannst mir vertrauen.

Ich glaub, so etwas werde ich nie wieder zu jemandem sagen. Es war so schwer und jetzt fühl ich mich so leicht. Es steht mal wieder alles auf dem Kopf.

Mona-Mona, hoffentlich denkst du nicht, ich hätte jetzt nur von mir erzählt. Ich denke dauernd an dich, Mona. Bei jedem Brief von dir krieg ich zittrige Finger, wenn ich ihn aufmache. Erst fühle ich nur eine Weile, wie dick der Umschlag ist, und freue mich auf das Öffnen. Wenn ich dann das Papier rausziehe, erwarte ich jedes Mal, dass dabei wieder kleine Sternchen durch die Gegend fliegen. Ich will noch tausend Plätze in der Stadt finden und sie mit dir zu unseren Orten machen. Vor allem will ich dich dauernd immer wieder küssen, egal wie du schmeckst (na ja, nur nicht nach Buletten).

Schon wieder so ein langer Brief. Da hast du was Schönes angerichtet. Meiner Patentante habe ich im ganzen Leben noch nicht so viel geschrieben wie dir in einem einzigen Brief. Draußen fegt der Wind und trägt mein Herz in deine Richtung, sag mir doch einfach, dass ich spinne, Mona. Sag mir einfach, dass ich keine Angst um dich haben muss, dass ich mir Quatsch ausdenke und dass ich weniger Stephen King lesen soll. Für dich verzichte ich sogar auf eine gute Englischnote. Oder sag mir einfach, dass du mir vertraust und dass du mich liebst. Irgendwie ist das doch fast dasselbe, oder?

Wenn ich jemals abhaue, dann nur mit dir. Ich hab dann zwar keinen, zu dem ich zurückgehen kann, um ihm die Welt vor die Füße zu legen, außer vielleicht Pitie. Aber das muss ich dann ja auch nicht mehr.

Dein David

> nachts, gerade fängt es an zu regnen,
> Nadja, Claudi und ihre Schwester und ich
> sitzen auf den Stufen vom Kinderkarussell
> auf dem Kreuzberg am 5.9.98

Hast du meine Gedanken gespürt? Vorhin, um zehn. Da schwebten wir vier über dem Boden von Kreuzberg, über dem Rummel, im Riesenrad. Über uns, um uns herum, sprühte das Feuerwerk Bälle an den schwarzen Himmel. Das Riesenrad hielt an, wir ganz oben, ich sah die angestrahlten Kräne überall, wenn du jetzt mit Tiffe irgendwo rumkletterst, dachte ich, dann könnten wir uns Luftküsse schicken.
Ich habe dir trotzdem welche geschickt, obwohl man denkt, alles müsste im Himmel stecken bleiben, wenn er so undurchdringlich dunkel ist und ohne Mondlicht. Wir beide übernachten heute bei Claudi. Da ziehen wir erst mal rum. Montag wird der Rummel abgebaut. In meiner Tasche duften gebrannte Mandeln für dich.

Mona

6. 9.
– Septembersonne –
heute ist der Himmel besonders hoch

Lieber David,

ich liebe dich auch.

Deine Mona

die Sonne geht auf 7.9.

Hier ist es still, hinter jeder Tür schläft jemand, es ist noch vor der Schule, noch vor dem Weckerklingeln.
David?
Ich weiß selbst nicht, was in mich gefahren ist.
Manchmal bin ich einfach wütend.
Auf alles. Auch auf mich.

Bin erleichtert, dass du mich nicht in den Wind schießt. Es ist wunderbar, dass wir uns zwischen all den Millionen Menschen gefunden haben. Irgendwo in der Stadt und nicht in der Schule.

Und David,

1000 Dank für dein Vertrauen
ja, Lara musste es erzählen
bisschen geweint hab ich bei deinem Brief.

Mona

Mona,

ich verstehe dich überhaupt nicht. So fangen keine Liebesgeschichten an. Und so gehen sie auch nicht weiter.

Schon wieder sitze ich in diesem Kneipencafé. Wie kann ein Tag bloß so grau sein? Alle Menschen sehen aus wie Nebelwesen. Die Autos haben die Scheinwerfer an, dabei ist es erst sechzehn Uhr. Als ob der Winter kommt. Weißt du eigentlich, wie wenig gemeinsame Sonnentage wir hatten?

Ich wollte dir schreiben:

Dass ich die Nächte inzwischen lieber habe als die Tage, auch wenn in der Schule schon alle denken, ich wäre krank, wegen der dunklen Ringe unter meinen Augen. Nachts sitze ich am Fenster und denke an dich, denke, wenn das immer so wäre, dass einem vor lauter Verliebtsein der Mond irgendwann vertrauter wird als die Sonne, dass Briefe sich nicht mehr um ein Datum kümmern und dass dir heute etwas gleichgültig ist, was dir gestern noch wichtig war, und wichtig, was dich gestern noch gleichgültig gelassen hat …

… dann wäre Berlin noch viel heller erleuchtet um diese Zeit, die Luft würde rauschen und wispern vor Geflüster und Liebesschwüren, und niemand würde mehr älter werden, weil alle die Zeit vergessen hätten, weil keine Uhren mehr tickten.

Ich sitze am Fenster und warte darauf, dass mitten in der Nacht der Briefträger mit Post von dir kommt.

Weißt du, als wir uns neulich getroffen haben und dann in der Eisdiele … Da hast du gesagt, lass uns weiter Briefe schreiben, denn wenn wir uns dann sehen, ist es was ganz Besonderes. Ich hab Ja gesagt und Nein gedacht – schließlich würde ich dich am liebsten dauernd sehen, von morgens bis abends und von abends bis morgens. Aber ich dachte, na gut, mit dem Briefeschreiben fing ja alles an, dann geht es jetzt eben so weiter. Ich kann damit leben – gerade mal so. Nur – inzwischen denke ich immer öfter, dass das alles zwischen uns nach Regeln läuft, die nur du aufgestellt hast.
Stimmt doch, oder?

Der Typ mit der Pfeife und den zerfransten Schuhen ist auch wieder hier, ist das nicht komisch? Ich beobachte ihn heimlich, weil ich wissen will, ob er auch ab und zu aus dem Fenster guckt. Ob er auch auf jemanden wartet. Stattdessen glotzt er mich und Pitie über den Rand seiner Zeitung hinweg an und überlegt wahrscheinlich, ob ich ein Kindesentführer bin. Pitie ist gut drauf und flirtet mit der Bedienung. Die bringt ihm alle naselang Kekse, er ist schon ganz verkrümelt. Hoffentlich gehen ihr die Kekse nicht aus.

Mona, ich werde hier so lange sitzen und auf dich warten, bis ich dich endlich erwische. Ich glaube, ich hätte sogar bei dir in der Wohnung warten können, Florian hätte mich nämlich eben reingelassen. Weißt du, was ich ihm gesagt habe? Dass ich dein Freund bin. Und er zuckt mit keiner Wimper, zeigt auf Pitie und meint: Dann ist das da wohl euer Kind, wa? Auf den Mund gefallen ist er jedenfalls nicht, dein Bruder. Im Hintergrund sah ich kurz Nadja, die lachte, aber ich konnte sie nicht erkennen im Gegenlicht. Wo du bist, wussten sie beide nicht.

Mona, ich hab mit sonst was gerechnet als Reaktion auf meinen Brief. Dass du ausflippst oder dich totlachst oder mich auslachst. Und was krieg ich? Zwei Tage lang nichts. Also ruf ich an, aber keiner geht ans Telefon, so dass ich schon glaube, bei euch in der Straße ist gerade Sven II ausgebrochen, weil dein Bruder nun doch noch an den Gasventilen rumgefummelt hat. Und dann kommen diese Postkarten mit *Ich liebe dich* drauf.

Ich liebe dich auch, Mona. Ich bin auch froh, dass wir uns getroffen haben, mir egal, ob in der Schule oder auf dem Ku'damm oder auf dem Mond. Aber gib mir doch bitte richtige Antworten!

Was ist los, Mona?

Ich warte auf dich. Und wenn es die Bedienung tausend Kekse kostet und wenn Pitie sich bis zur Halskrause vollmacht – ich hab Windeln und alles dabei. Und wenn der Typ sich totraucht an seiner Vanillepfeife und sich totliest an seiner Zeitung. Und wenn meine Eltern Pitie und mich von den Bullen suchen lassen und selbst wenn wirklich der Winter kommt. Ich warte auf dich und guck rauf zu deinem Fenster mit der roten Plastikrose.

Weil ich wissen will, was los ist.

Diesen Brief hänge ich an eure Haustür, falls ich Pitie gerade wickeln muss oder so was. Man weiß ja nie.

Dreh dich um. Ich bin hier drüben, Mona, hinter der Scheibe, hinter dem Nebel. Ich bin dieser Junge aus Spandau. Ich hab auch jede Menge Stress am Hals, falls dich das interessiert. Meiner Oma geht es richtig scheiße, gestern war mein Vater bei ihr und heute der Arzt, und jetzt ist nix mehr mit Pitie zu ihr bringen, sie ist einfach zu durcheinander. Ihr Kühlschrank war voller Müll und Schimmel. Ich hab nichts gemerkt, weil sie mich nie wieder Horst genannt hat und ich sie auch nie wieder im Nachthemd gesehen habe. Meine Mutter hat eine ehemalige Kollegin gefragt, die inzwischen arbeitslos ist und auf Stütze lebt, ob die auf Pitie aufpassen kann. Eigentlich müsste diese Frau jede Menge Zeit haben, aber die will ein Baby höchstens vormittags nehmen. Für mich springt also nichts dabei raus, im Gegenteil – wenn ich Pitie dort abhole, ist der Weg zwanzig Minuten länger als der zu meiner Oma.

Keine Ahnung, wie das alles weitergehen soll.

Aber mit uns soll es weitergehen. Mach, dass es weitergeht, Mona. Mit meinem eigenen Krempel komm ich schon klar, aber um dich mach ich mir jetzt richtig Sorgen. Also, komm hier rüber. Bitte!

Wir trinken heiße Schokolade, okay?
Die ist gut für die Nerven.

Immer, immer, immer dein David

8.9.1998

Lieber David,

sofort nach der Schule bin ich in die U-Bahn gesprungen und nach Ruhleben gefahren, mit dem Bus weiter nach Spandau, du kennst ja den Weg. Ich habe alles rausgefunden mit Stadtplan und Busfahrer fragen, bis ich endlich vor deiner Tür stand – Falkenseer Chaussee – und geklingelt habe. Niemand da.
Vielleicht kommst du gleich. Hab die letzte Stunde geschwänzt, damit ich rechtzeitig bin, falls du mit Pitie zu tun hast. Sitze auf der Eingangsstufe auf meiner Decke. Dachte, wir könnten mit Pitie in den Park, obwohl es ein bisschen kühl ist. Aber da kann er rumkrabbeln. Oder wir gehen auf den Spielplatz. Dann schaukeln wir zusammen. Und ich hör auf durcheinander zu sein. Wird schon gelingen.

10 nach 2
Davidowitsch mit Pitiejowitsch,
wo seid ihr?

½ 3
Mir ist kalt.
David,
Schockerig. Eben hat die Elslohe mich angekeift. Was sitzt

du da rum? Bist wohl 'ne Rumtreiberin, aus der nie
was Anständiges wird. Das kann nur sie gewesen sein,
mit der Himbeerfrisur. Krächzt die: Verschwinde da.
Sonst komm ich runter.
Na ja. Ich bin auch nicht auf den Mund gefallen.
Sie hat ihre Klapper zugeklappt und Funken gesprüht,
aber sie ist nicht runtergekommen.

10 vor 3
Ich glaube, nie kommt hier wer.
Ein Mann ist an mir vorbeigestiegen, langer dürrer Kerl
mit Halbglatze, voll verklemmt. Hat nicht zurückge-
grüßt.
Sonst niemand.

David, komm bitte, komm bitte, komm bitte.
Ich will dir erzählen, was von vorn anfangen heißt.
Briefe schreiben wollte ich weiter, aber einmal geküsst
und nicht noch mal, wer soll denn das aushalten?
Ich nicht.
Ich wünsche mir deine Hand auf meinem Gesicht.
Am besten beide.
Wünsche mir kein Reden. Nur gucken.
Fühlen.
Wenn ich dich ansehe, zieht es mich, ziehen deine Augen
mich. Rein in deine. Du hast Augen wie ein Staubsauger.
Da kann ich noch so fest auf dem Boden stehen, auf
dem Stuhl sitzen, wenn unsere Blicke sich begegnen,

dann löst sich die Schwerkraft, löst sich was in mir ab, kein Boden mehr, kein Stuhl, ich schwebe zu dir, ganz nah, du saugst mich an, dagegen kann ich gar nichts tun. Das gerade genieße ich so.

3
Bei euch ist immer noch niemand.

½ 4
Zwei Stunden. Ich niese. Jetzt werde ich krank, so richtig krank genug, um nicht in die Schule zu gehen.
Was mache ich?
Wo bist du?

4 mindestens
Ich bin in den Wald gegangen. Da hinterm U-Bahnhof Ruhleben. Kennst du den? Ist ganz versteckt und hügelig. Ich sitze an einen Baum gelehnt. Das Laufen hat mich aufgewärmt. Und der Baum beruhigt mich, wispert mir was zu. Es ist ein besonderer Ort hier, habe mich verlaufen, düster und eingezäunt war der Weg zwischen einem Bogenschießplatz und einem Schießplatz, wo früher die englischen Soldaten schießen geübt haben. Ich kann mich noch genau an das Geballer erinnern, wir waren mal mit meiner Mutter hier, als ich noch klein war. Ich bin einfach weitergegangen und plötzlich hat sich der Weg geöffnet und vor mir war ein riesiger Wald. Und die Wiese auf dem Hügelchen. Ich würde gern mal hier

übernachten, dieser Platz nimmt mir die Unruhe.
Bestimmt würde ich dann was Besonderes träumen.
Einmal zeige ich dir den Baum.
David, wo bist du?
Deine Mutter und Lara stiegen hinten aus dem Bus, als ich vorn einsteigen wollte. Sie müssen es gewesen sein.
Komm doch mal, sagte die Frau. Lara! Trödel nicht!
Das Mädchen lief ganz normal und machte sie nach:
»Mach doch mal! Komm doch mal! Ich hab schließlich noch was anderes zu tun. Mach endlich! Los, komm jetzt! Trödel nicht!«
Die Frau, die Mutter, deine, war baff und dann sah sie, wie ich sie beobachtete und lachte über Lara. Lara lachte erleichtert, dachte ich. So verlegen. Vielleicht auch erfreut. Dass sie nicht ausgeschimpft wird.
Den Bus habe ich verpasst. Traute mich nicht, deine Mutter nach dir zu fragen, wartete auf den nächsten und fuhr weg.
Jetzt sitze ich hier allein und denke, hätte ich doch noch gewartet, dann wärst du jetzt vielleicht hier mit mir.

David, wollte eigentlich nicht alles aufschreiben, aber nun …
In Paris
Kamen von der Disco zu diesem Jean-Michel. Lagen in den Betten. Geht die Tür auf. Jean-Michel im Bademantel. Wollte mich noch unterhalten. Ich fand den nett. Gut, reden wir. Er hat eine Tochter namens Mona in der

Schweiz. Er soll sich um sie kümmern, sage ich. Er sieht sie nie. Finde ich gemein. Mein Vater will ja auch nichts von mir wissen. Man denkt, man existiert nicht.
Das ist nicht so einfach, sagt er. Kümmern.
Nimmt mich in die Arme. Wie du guckst. Erst fühlte ich mich geborgen. Gemütlich. Fängt er an mich zu streicheln. Das will ich nicht.
Sage aber nichts. Lege nur seine Hand weg. Nebenan schlafen Atilla und Konstantin. Es ist nur eine Glastür zwischen uns, man hört alles durch. Jean-Michel ist nackt. Legt sich neben mich. Da war ich stumm. Habe nicht geschimpft oder irgendwas. Gar nichts. Dachte nur, Ati und Konni – wenn die jetzt reinkommen. Dann denken die, ich lass mich abschleppen, gehe mit jedem ins Bett. Geschämt habe ich mich auch. Dass Ati und Konni mich nackt sehen könnten. Der Typ, Jean-Michel, war vorsichtig. Er hat gesehen, die will nicht, aber er will.
Die sagt nichts, die wehrt sich nicht, also macht er.
Ich dachte, wenigstens habe ich das alles dann mal hinter mir. Mit dem Häutchen. Überhaupt mit dem ersten Mal. Was biste so romantisch? War es eben nicht mit lange kennen und großer Liebe und zum ewig Erinnern, so wie ich es mir vorgestellt hatte.
Und nicht ganz schön.
War es nicht.
Überhaupt nicht schön.
Wehgetan hat es.

Als will er mich zerreißen.
Geflucht hat er, weil sein Ding nicht reinging.
So vor sich hin.
Mit Flüchen sollte es auch nicht sein, das erste Mal.
So richtig zum Kotzen eklig war er nicht. Nur, ich wollte nicht.
Ich wäre nie auf die Idee gekommen.
Er war trotzdem vorsichtig. Der wollte und ich habe es passieren lassen und er hat gemacht, was er wollte.
Dass es in der Welt nicht nett zugeht, hätte ich längst wissen müssen.
Am nächsten Tag sind wir morgens abgehauen, abends noch mal dahin, habe mit Konni getauscht, der schlief dann allein, ich mit Atilla im Zimmer. Da hat Jean-Michel, der Kerl, geguckt. Sauer war er und am Morgen drauf nahmen wir unsere Sachen gleich mit. Wir wollten sowieso weg.
Aber mein Kopf.
Weißt du, nach der Nacht habe ich erst mal geduscht. Mein Kopf war leer leer leer. Konnte gar nicht denken und hatte Kopfschmerzen. Wörter fielen mir nicht ein. Dann, erst als wir wieder in irgendeinem Auto saßen, in Richtung Brüssel, dachte ich: Mist. Du bist doch ein Mensch. Der hat dich benutzt wie ein Ding.
Aber schon in Paris, gleich beim Einschlafen, als ich wieder allein war, gleich beim Aufwachen, als ich aus dem Traum in den Tag glitt, lief nur ein Satz in meinem Kopf herum. Ein Gefühl. Wenn Ati und Konni das wüssten.

Wenn ihr wüsstet, was der gemacht hat.
Wenn ihr wüsstet, was ich gemacht habe.
David, ich habe nur geschwiegen.
Wenn ihr wüsstet –
wenn ihr wüsstet, dass ich für die Übernachtungen bezahlt habe.
Wenn ihr wüsstet, dass ich für euch mitbezahlt habe.
Wenn ihr wüsstet, wie ich bezahlt habe.
Nichts habe ich gesagt, nicht mal zu Atilla, und dem erzähle ich sonst alles, David, er weiß auch von dir und wie ich dich mag und schön finde und wie besonders du für mich bist.
Nicht mal Atilla hat das je erfahren.
Bis jetzt.
Denn jetzt habe ich es aufgeschrieben und dies ist das erste Mal, dass ich mich wieder genau erinnere, und ich schäme mich wieder.
Da klemmen Sätze in meinem Kopf wie:
Hättest du gleich Atilla gerufen. Er wäre sofort gekommen.
Hättest du diesem Jean-Michel Nein gesagt.
Hättest von Anfang an nicht allein im Zimmer sein sollen.
Aber ich wollte mich vor den Jungs nicht ausziehen.
Hättest du es Atilla gleich am nächsten Tag gesagt. Wenn der es wüsste, der würde sich ewig Vorwürfe machen, dass er es nicht verhindern konnte.

Hättest du Geld für ein Hotel gehabt. Meine Tante hätte mir bestimmt was geborgt. Aber es hätte nicht für Ati und Konni gereicht.
Außerdem will man doch nicht jedem Menschen gleich misstrauen. Mir wär nie der Gedanke gekommen, der könnte so was vorhaben, als er uns eingeladen hat. Als Mädchen muss man ganz andere Sachen wissen als die Jungs.

So, David.
Hätte ich bloß gewusst, dass andere einem helfen können.
Hätte ich bloß – ach, wenn ich nur begreifen könnte, dass es sich lohnt, zu sagen, was man denkt. Weißt du, bei uns spricht ja keiner, wenn der Kerl meiner Mutter da ist. Wenn er abhaut, dann geht es. Mit meiner Mutter könnte man eigentlich reden. Aber ich glaube, ich bin nicht mehr dran gewöhnt, mich mit ihr zu unterhalten.
Sagen, was man will, wäre eine tolle Sache.
Klar, ich schreibe Briefe, ich sage was und wir treffen uns am Anhalter Bahnhof.
Ich will nicht, dass ich plötzlich was mache, was ich gar nicht wollte. Schon vor Paris ging es mir so. Verstehst du das?
Wenn jemand was verlangt, mache ich es. Auch wenn ich es zum Kotzen finde.
Das ändere ich. Ich möchte nur noch tun, was ich selbst richtig finde.

Ob ich das schaffe?
Von vorn anfangen … David, das stelle ich mir so schön vor. Deine Hand streicheln, so lange, bis ich sie auswendig kenne. Und du meine. Dann streicheln wir uns die Arme. Oder den Hals. Aber nicht gleich am Körper. Erst wenn wir alles andere kennengelernt haben. Und uns mehr geküsst haben. Und voneinander mehr fühlen möchten. Immer nur so weit, wie wir uns trauen. Irgendwann trauen wir uns dann vielleicht auch, uns auszuziehen und uns nackt anzusehen. Ich würde dich so gern umarmen. Jetzt am liebsten. Sofort. Wär das schön.

Schon 6.

6 Uhr 40
Sitze in der U-Bahn nach Hause.
David, von Ruhleben aus habe ich bei dir angerufen.
Ich wundere mich auch schon, wo der bleibt, sagte deine Mutter. Er ist mit seinem Bruder unterwegs.

Sophie-Charlotte-Platz
David, die U-Bahn ist so langsam.
Mein Herz klopft, dass es bebt zwischen Bauchnabel und Haarspitzen.
Wenn du nun zu mir gefahren bist und da gewartet hast?
Wenn du nun da ewig gewartet hast und jetzt weggehst?
Oder weggehst, wenn ich noch Möckernbrücke bin oder irgendwo im Tunnel?

David, bitte warte noch.
Jetzt hast du schon so lange da gesessen.
Warte, warte, warte, warte, warte, warte ...
Es wird ½ 7, bis ich da bin, oder Viertel vor. Kriege ich
Ärger wegen Essen.
David.
Vielleicht bist du doch nicht da?
Doch. Das traue ich dir zu. Hast ja schon mal da geses-
sen. Ich werd noch verrückt in diesem schleichenden
Wurm.
David, jetzt habe ich weitererzählt, ich erzähle dir mehr.
Nicht mehr so blöde Sachen. Aber ich habe eine Narbe,
die zeige ich dir.
Wenn ich bloß Gelegenheit dazu bekomme.
Und du nicht fortgehst.
Bitte warte noch.
Nicht mehr lange.
Wittenbergplatz umsteigen.
Bitte sei da.
Sei da, sei da, sei da, sei da.

Antwortbrief von David

Mitten ins Herz

Andreas Steinhöfel
Die Mitte der Welt
480 Seiten
Taschenbuch
ISBN 978-3-551-35315-3

Was immer ein normales Leben auch sein mag – der 17-jährige Phil hat es nie kennen gelernt. Denn so ungewöhnlich wie das alte Haus ist, in dem er lebt, so ungewöhnlich sind die Menschen, die dort ein und aus gehen – seine chaotische Mutter Glass, seine verschlossene Zwillingsschwester Dianne und all die anderen. Und dann ist da noch Nicholas, der Unerreichbare, in den Phil sich unsterblich verliebt hat.

www.carlsen.de

Bis hierher und keinen Schritt weiter

Andreas Steinhöfel
Trügerische Stille
192 Seiten
Taschenbuch
ISBN 978-3-551-35314-6

Auf dem Weg in die Ferien begegnet Logo dem Mädchen Carla und ihren Eltern. Und auch wenn Logo Carla nur kurz gesehen hat, geht ihm das Mädchen nicht mehr aus dem Sinn. Er macht sich auf die Suche nach ihr, doch als er sie endlich findet, gibt sie sich verschlossen und unnahbar. Irgendetwas stimmt nicht mit ihr, das spürt Logo genau. Als die beiden dann doch einmal gemeinsam schwimmen gehen, entdeckt er die bittere Wahrheit: Carla wird von ihrem Vater geschlagen. Doch als Logo ihn zur Rede stellen will, wehrt Carla massiv ab. Was steckt dahinter?

www.carlsen.de

Eine einmalige Chance

Andreas Steinhöfel
Der mechanische Prinz
272 Seiten
Taschenbuch
ISBN 978-3-551-35386-3

Als Max eines Morgens von einem einarmigen Bettler ein goldenes U-Bahn-Ticket geschenkt bekommt, ist das der Beginn einer Reise, die sein Leben verändern wird. Denn mit diesem Ticket gelangt er an Orte, die sonst nur Auserwählten offen stehen: die Refugien. Dort muss er sich seiner Traurigkeit und seiner Wut stellen, um so vielleicht sein Herz zu retten. Aber Max wird schon erwartet: vom mechanischen Prinzen, dem Herrscher über alle Refugien ...

www.carlsen.de